JUANJO MOYANO VÁZQUEZ

160 JUEGOS Y EJERCICIOS DE PÁDEL PARA NIÑOS

©Copyright: Juanjo Moyano Vázquez
©Copyright: De la presente Edición, Año 2019 WANCEULEN EDITORIAL

Título: 160 JUEGOS Y EJERCICIOS DE PÁDEL PARA NIÑOS
Autor: JUANJO MOYANO VÁZQUEZ

Editorial: WANCEULEN EDITORIAL
Sello Editorial: WANCEULEN EDITORIAL DEPORTIVA

ISBN (Papel): 978-84-9993-377-1
ISBN (Ebook): 978-84-9993-378-8
Depósito Legal: SE 938-2019
Impreso en España. 2019.

WANCEULEN S.L.
C/ Cristo del Desamparo y Abandono, 56 - 41006 Sevilla
Dirección web: www.wanceuleneditorial.com y www.wanceulen.com
Email: info@wanceuleneditorial.com

Reservados todos los derechos. Queda prohibido reproducir, almacenar en sistemas de recuperación de la información y transmitir parte alguna de esta publicación, cualquiera que sea el medio empleado (electrónico, mecánico, fotocopia, impresión, grabación, etc.), sin el permiso de los titulares de los derechos de propiedad intelectual. Cualquier forma de reproducción, distribución, comunicación pública o transformación de esta obra solo puede ser realizada con la autorización de sus titulares, salvo excepción prevista por la ley. Diríjase a CEDRO (Centro Español de Derechos Reprográficos, www.cedro.org) si necesita fotocopiar o escanear algún fragmento de esta obra.

A Nico y a Leo, que serán el futuro y se divertirán con el Pádel.

A todos mis alumnos, compañeros y profesores, que con su ayuda indirecta volvieron a crear otra obra.

A mis patrocinadores, colaboradores y amigos por su apoyo incondicional.

ÍNDICE

Prólogo por Juanjo Moyano Vázquez 9
Simbología y Referencias Gráficas 11
Ejercicios de Pádel para Niños 13
El pádel y la visión 67
Reseñas de pádel 71
Patrocinadores y Colaboradores 74
Agradecimiento colaboración en el libro 75
Datos del autor 76
Libros publicados 77
Bibliografía y Fotografía 78

Introducción del Autor: Juanjo Moyano Vázquez

Todo ejercicio físico en edad infantil es bueno para el desarrollo del cuerpo y también para el desarrollo de la personalidad. El pádel es una actividad física ideal para que los más pequeños se inicien en el mundo del deporte.

El pádel en edad infantil, es distinto que el de su hermano mayor el tenis, ya que no existe el pádel infantil con pistas reducidas. Lo único que existe son palas adaptadas a la edad de los más pequeños con un peso mas reducido y unas bolas de iniciación con baja presión.

Al principio, los más pequeños comenzarán su camino en el pádel con manoplas, pelotas de goma espuma, globos, pelotas de presión reducida, incluso con mini/redes, pero con el paso de las clases, su objetivo será jugar en la pista reglamentaria aunque sea muy grande para ellos.

La evolución del alumno será progresiva y se irán introduciendo poco a poco los juegos para que vayan conociendo los botes de la pelota a distintas velocidades, de los distintos rebotes en las paredes o en la reja, de los golpeos con o sin bote,...

Tendremos varias etapas en su desarrollo:

.- descubrimiento del deporte, en edades de los 4 a los 6 años.
.- desarrollo de capacidades, en edades de los 6 a los 8 años.
.- consolidación, en edades de los 8 a los 10 años.
.- especialización, a partir de los 10 años.

El pádel para niños es un deporte muy divertido, pero puede llegar a ser un poco frustrante para los más pequeños que empiezan a practicarlo sin ningún conocimiento previo. Y es que al ser un deporte en el que la pelota es pequeña y se mueve rápidamente, es complicado a veces coordinar los movimientos y poder devolverla con la pala. Además deberemos tener en cuenta que lo que trabajaremos en las primeras etapas de aprendizaje es la coordinación, la psicomotricidad y los reflejos.

Trabajaremos:

.- la coordinación, tanto de movimiento con la pala, como del movimiento que deben realizar para acercarse a una posición cómoda para golpear.

.- la velocidad y la destreza de movimiento, con ejercicios de escalera, conos, psicomotricidad y juego de pies.

.- el equilibrio, donde ellos mismos descubrirán la importancia de golpear con los pies en el suelo y el mantener una posición estable.

Hay que intentar dar con la tecla para motivar a los pequeños y conseguir que en todo momento se diviertan mientras aprenden.

En este libro te presentamos una serie de ejercicios para niños, desde ejercicios básicos sin pala para trabajar la psicomotricidad, hasta ejercicios en los que la pala es el elemento básico, con los que podrás programar una clase para niños a partir de los 4 años.

Una sencilla introducción al pádel para que los más peques de nuestras clases se diviertan desde el primer momento y puedan disfrutar de su nuevo deporte.

Todos estos ejercicios y sobre todo juegos, han sido probados con alumnos a partir de 4 años, consiguiendo con todos ellos dos objetivos:

EL APRENDIZAJE Y LA DIVERSIÓN

Juanjo Moyano Vázquez

Mayo de 2019

SIMBOLOGÍA Y REFERENCIAS GRÁFICAS

Alumno ○   *Niño* ○   *Monitor*

Referencia de Tiro / Zona de Tiro

Referencia de Golpeo o Movimiento del Alumno

Desplazamientos del Alumno

Desplazamientos Ida y Vuelta del Alumno

Desplazamiento en 8

Giro del Alumno

Golpe del Alumno

Golpe del Monitor

Orden de golpes   1 2 3 4 5

Valla

Salto de Valla

Zona Pintada

Zona de Tiro

Carro

Pala de Niños

Objetivo de golpeo en pared o reja

Cadena

Cadena con Aros

Zonas marcadas con cuerdas o cadenas

Zona de Movimiento de Paso

D	Derecha	**R**	Revés	**SF**	Salida de Fondo
SL	Salida de Lateral	**SDP**	Salida Doble Pared	**CP**	Contra Pared
V	Volea	**G**	Globo	**Rm**	Remate
Bd	Bandeja	**Sq**	Saque	**Resto**	
//	Paralelo	**X**	Cruzado		

NOTA: TODOS LOS EJERCICIOS ESTÁN BASADOS EN UN JUGADOR DIESTRO

Ejercicio 001   Ejercicios de pies. Psicomotricidad.

Objetivo: Desarrollo de las posibilidades motrices, expresivas y creativas a partir del cuerpo, lo que lleva a centrar su actividad sobre el movimiento y el golpe a ejecutar.
Secuencia del movimiento:
Zigzag entre conos hacia adelante.

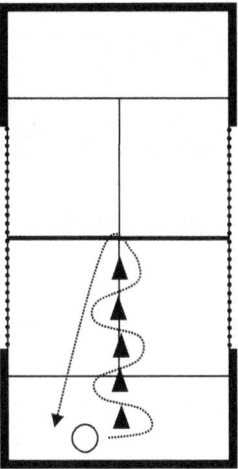

Ejercicio 002   Ejercicios de pies. Psicomotricidad.

Objetivo: Desarrollo de las posibilidades motrices, expresivas y creativas a partir del cuerpo, lo que lleva a centrar su actividad sobre el movimiento y el golpe a ejecutar.
Secuencia del movimiento:
Hacia delante poniendo las dos piernas en cada cono.

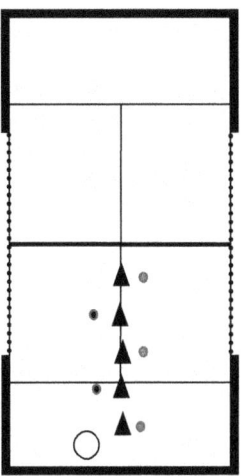

Ejercicio 003   Ejercicios de pies. Psicomotricidad.

Objetivo: Desarrollo de las posibilidades motrices, expresivas y creativas a partir del cuerpo, lo que lleva a centrar su actividad sobre el movimiento y el golpe a ejecutar.
Secuencia del movimiento:
Lateralmente, 2 conos laterales hacia izquierda y uno hacia derecha.

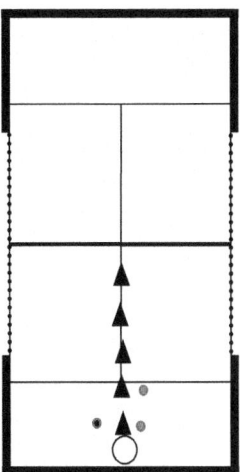

Ejercicio 004   Ejercicios de pies. Psicomotricidad.

Objetivo: Desarrollo de las posibilidades motrices, expresivas y creativas a partir del cuerpo, lo que lleva a centrar su actividad sobre el movimiento y el golpe a ejecutar.
Secuencia del movimiento:
Hacia delante saltando los conos a pata coja.

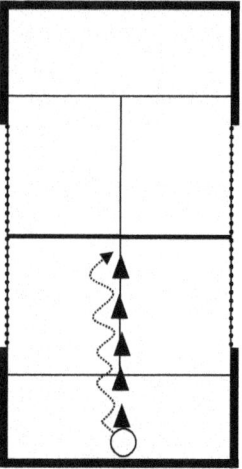

Ejercicio 005   Ejercicios de pies. Psicomotricidad.

Objetivo: Desarrollo de las posibilidades motrices, expresivas y creativas a partir del cuerpo, lo que lleva a centrar su actividad sobre el movimiento y el golpe a ejecutar.
Secuencia del movimiento:
Hacia delante poniendo una pierna en cada cono, levantando solo la pierna derecha.

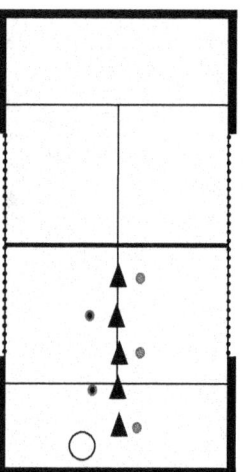

Ejercicio 006   Ejercicios de pies. Psicomotricidad.

Objetivo: Desarrollo de las posibilidades motrices, expresivas y creativas a partir del cuerpo, lo que lleva a centrar su actividad sobre el movimiento y el golpe a ejecutar.
Secuencia del movimiento:
Zigzag entre conos lateralmente.

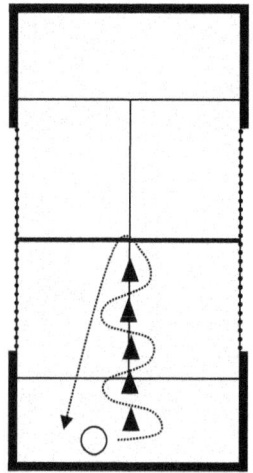

Ejercicio 007   Ejercicios de pies. Psicomotricidad.

Objetivo: Desarrollo de las posibilidades motrices, expresivas y creativas a partir del cuerpo, lo que lleva a centrar su actividad sobre el movimiento y el golpe a ejecutar.
Secuencia del movimiento:
Zigzag entre conos hacia atrás.

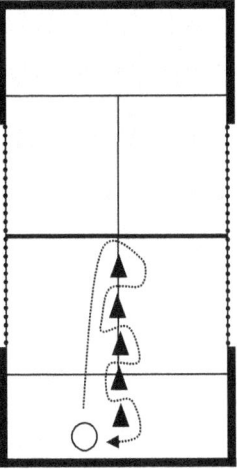

Ejercicio 008   Ejercicios de pies. Psicomotricidad.

Objetivo: Desarrollo de las posibilidades motrices, expresivas y creativas a partir del cuerpo, lo que lleva a centrar su actividad sobre el movimiento y el golpe a ejecutar.
Secuencia del movimiento:
Hacia delante poniendo un pie a cada lado de los conos.

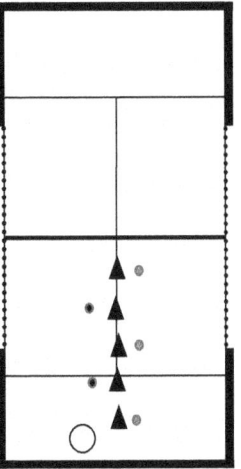

Ejercicio 009   Ejercicios de pies. Psicomotricidad.

Objetivo: Desarrollo de las posibilidades motrices, expresivas y creativas a partir del cuerpo, lo que lleva a centrar su actividad sobre el movimiento y el golpe a ejecutar.
Secuencia del movimiento:
Hacia atrás poniendo un pie a cada lado de los conos.

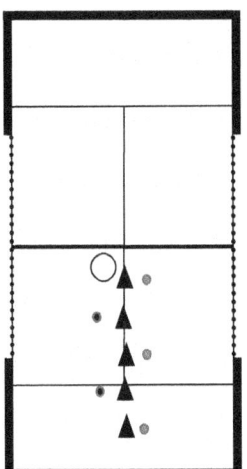

Ejercicio 010   Ejercicios de pies. Psicomotricidad.

Objetivo: Desarrollo de las posibilidades motrices, expresivas y creativas a partir del cuerpo, lo que lleva a centrar su actividad sobre el movimiento y el golpe a ejecutar.
Secuencia del movimiento:
Hacia delante poniendo una pierna en cada cono, levantando solo la pierna izquierda.

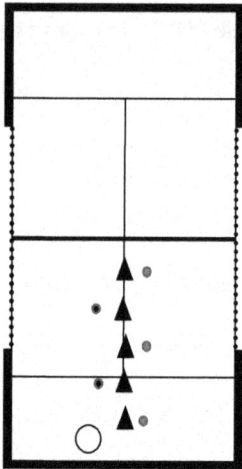

Ejercicio 011   Ejercicios de pies. Psicomotricidad.

Objetivo: Desarrollo de las posibilidades motrices, expresivas y creativas a partir del cuerpo, lo que lleva a centrar su actividad sobre el movimiento y el golpe a ejecutar.
Secuencia del movimiento:
Hacia delante dos conos y uno hacia atrás.

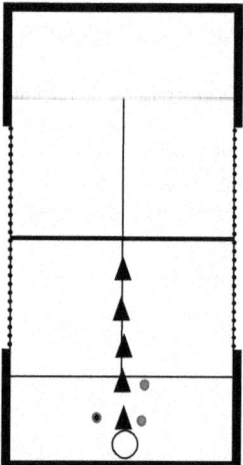

Ejercicio 012   Ejercicios de pies. Psicomotricidad.

Objetivo: Desarrollo de las posibilidades motrices, expresivas y creativas a partir del cuerpo, lo que lleva a centrar su actividad sobre el movimiento y el golpe a ejecutar.
Secuencia del movimiento:
Lateralmente, 2 conos laterales hacia derecha y uno hacia izquierda.

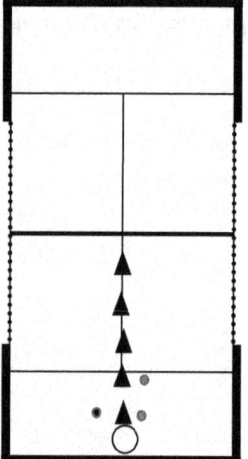

Ejercicio 013   Ejercicios de pies. Psicomotricidad.

Objetivo: Desarrollo de las posibilidades motrices, expresivas y creativas a partir del cuerpo, lo que lleva a centrar su actividad sobre el movimiento y el golpe a ejecutar.
Secuencia del movimiento:
Hacia delante saltando los conos.

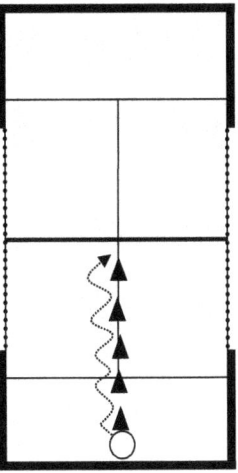

Ejercicio 014   Ejercicios de pies. Psicomotricidad.

Objetivo: Desarrollo de las posibilidades motrices, expresivas y creativas a partir del cuerpo, lo que lleva a centrar su actividad sobre el movimiento y el golpe a ejecutar.
Secuencia del movimiento:
Hacia delante saltando los conos y abriendo las piernas en el aire y cayendo con las piernas cerradas.

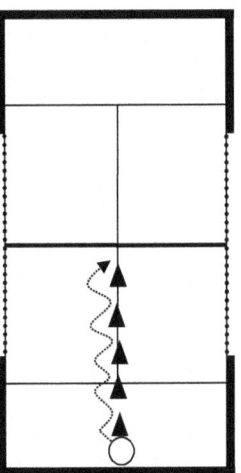

Ejercicio 015   Ejercicios de pies. Psicomotricidad.

Objetivo: Desarrollo de las posibilidades motrices, expresivas y creativas a partir del cuerpo, lo que lleva a centrar su actividad sobre el movimiento y el golpe a ejecutar.
Secuencia del movimiento:
Hacia delante saltando los conos y cerrando las piernas en el aire y cayendo con las piernas abiertas.

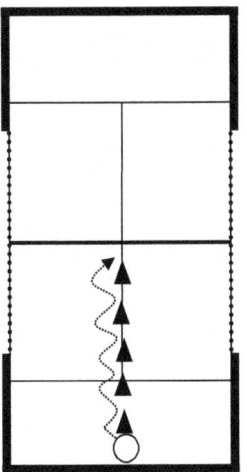

Ejercicio 016   Ejercicios con Niños

Objetivo: Progresiones.
Secuencia de golpes: D o R

Descripción:
Ubicados los niños en el fondo de la pista, empezarán en el cono que está sobre la línea golpeando de derecha o de revés, según les venga la bola. Si el golpeo es correcto, progresarán al siguiente cono hasta llegar a la red. Si fallan un golpe, volverán a la fila.

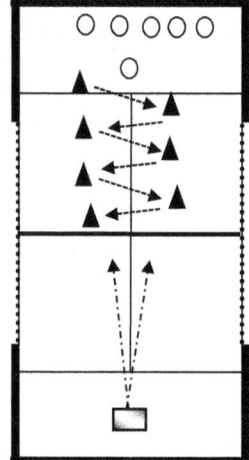

Ejercicio 017   Ejercicios con Niños

Objetivo: Habilidad y coordinación.

Descripción:

Ubicados los niños en fila, realizarán zigzag entre los conos empujando la bola con la pala por el suelo.

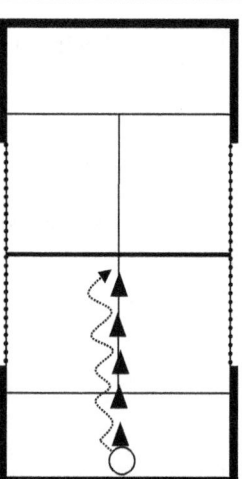

Ejercicio 018   Ejercicios con Niños

Objetivo: Habilidad y coordinación en el golpeo.

Descripción:

El portero. Colocamos una portería en la pared de fondo con un niño que realiza las funciones de portero. El resto de los niños se situarán cerca de la red, donde el monitor les lanzará bolas para que realicen voleas e intenten marcar gol. Quien mete gol se pone de portero.

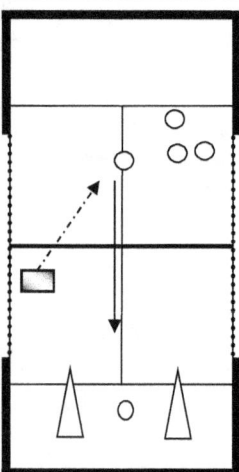

Ejercicio 019   Ejercicios con Niños

Objetivo: Coordinación del golpeo y de la recepción.
Secuencia de golpes: D o R

Descripción:
Fútbol. Ubicados dos jugadores cerca de la red y otros cuatro delante de la línea, jugarán un partido de ping pong delimitado por las líneas de saque. Los de la red no podrán dejar botar la bola y los del fondo dejarán que bote.
El saque podrá ser detrás de la línea y siempre sacará quien volea.
Se puede variar los golpes que cada jugador da: 2,3,..

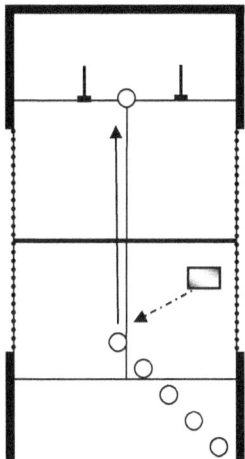

Ejercicio 020   Ejercicios con Niños

Objetivo: Habilidad y coordinación.

Descripción:
Ubicados los niños en fila, realizarán zigzag entre los conos botando la bola encima de la pala.
Si se les cae, volverán al comienzo de la fila para empezar de nuevo.

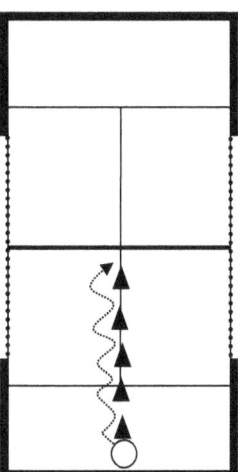

Ejercicio 021   Ejercicios con Niños

Objetivo: Ejercicios para el desarrollo de la coordinación dinámica general.

Descripción:
En parejas, agarrados de las dos manos y mirándose cara a cara, se desplazarán uno hacia adelante y otro hacia atrás. Correrán por la fila de conos con las piernas abiertas para no tocarlos.
Variante: los de frente y cogidos por la mano y realizando un slalom.

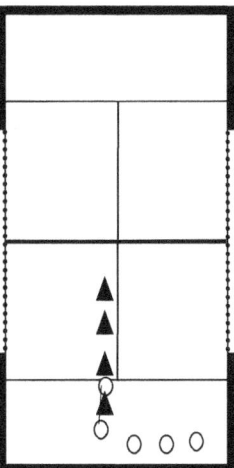

Ejercicio 022   Ejercicios con Niños

Objetivo: Ejercicios para el desarrollo de la coordinación dinámica general.

Descripción:
El toro. Un niño realizar la función de toro con un cono en cada mano e intenta coger a sus compañeros que están delimitados por un cuadrante de la pista. Una vez lo ha tocado, dejará los conos en el suelo para que su compañero los coja y realice la misma función.

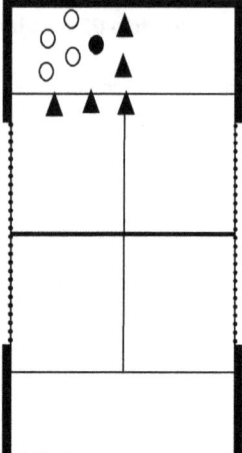

Ejercicio 023   Ejercicios con Niños

Objetivo: Ejercicios para el desarrollo de la coordinación óculo-manual y óculo-pie.

Descripción:
Sentados dos niños en el suelo y separados un metro de distancia, se pasarán una pelota sin bote, y una vez perfeccionado lo realizarán con un bote.
Cuando esté perfeccionado, se aumentará la distancia entre ellos.

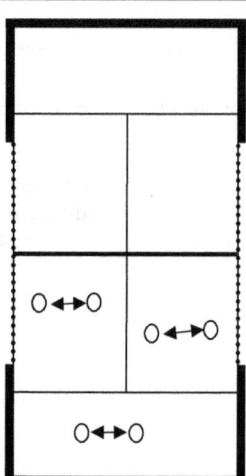

Ejercicio 024   Ejercicios con Niños

Objetivo: Ejercicios para el desarrollo de la coordinación dinámica general.

Descripción:
En parejas y agarrados de las dos manos, realizaremos movimiento lateral dejando entre los niños los conos situados en el medio de la línea.

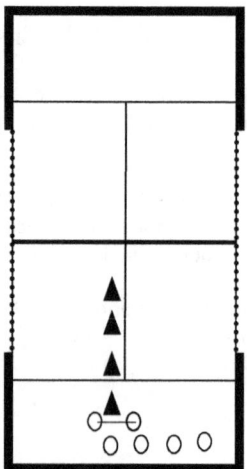

Ejercicio 025   Ejercicios con Niños

Objetivo: Ejercicios para la velocidad de reacción.

Descripción:

Sobre la línea media colocaremos un cono, y enfrentaremos a dos niños tumbados en el suelo y separados del cono 3 metros. A la voz del monitor, correrán hacia el cono para ver quien lo toca antes.

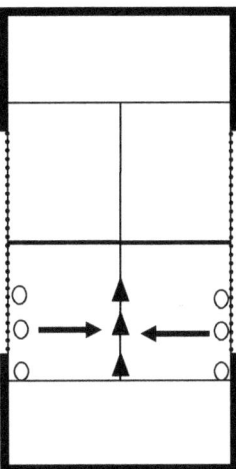

Ejercicio 026   Ejercicios con Niños

Objetivo: Ejercicios para la velocidad de reacción.

Descripción:

Sobre la T colocaremos un cono que será el punto de salida, y a un metro de la red otro cono. A la voz del monitor los niños saldrán corriendo y rodearán el cono que está cerca de la red para llegar al cono de inicial.

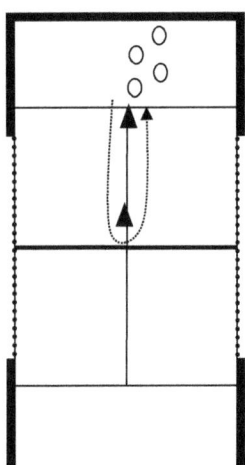

Ejercicio 027   Ejercicios con Niños

Objetivo: Ejercicios para la velocidad de reacción.

Descripción:

Sobre la T colocaremos un cono que será el punto de salida, y a un metro de la red otro cono. A la voz del monitor los niños saldrán corriendo con un cono en la mano e intentarán llegar el primero para poner su cono sobre el que está cerca de la red.

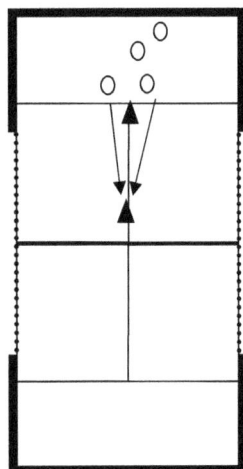

Ejercicio 028   Ejercicios con Niños

Objetivo: Ejercicios para la coordinación.

Descripción:

Un círculo formado por conos delimitará la zona de juego. A la señal del monitor, uno de los niños correrá haciendo slalom para intentar coger a sus compañeros.

Variante: se pueden realizar otras formas geométricas.

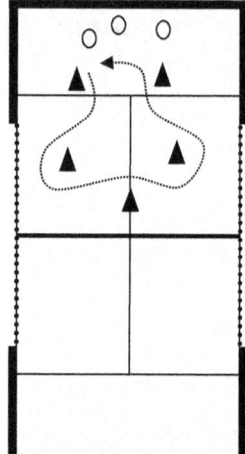

Ejercicio 029   Ejercicios con Niños

Objetivo: Ejercicios para la coordinación.

Descripción:

La canasta. Formamos dos equipos, uno con conos y otro con pelota. Los que tienen la pelota intentan pasársela sin que los que tienen los conos se la quiten. A cinco pases se cambia la función de los equipos.

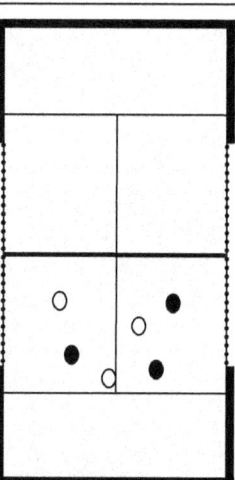

Ejercicio 030   Ejercicios con Niños

Objetivo: Ejercicios para la coordinación.

Descripción:

Metidos dentro de una goma delimitadora de altura*, colocaremos varios conos, y los niños intentarán golpearlos, primero tirando directamente con la mano y cuando se perfeccione, realizando golpeos desde el fondo de la pista.

- * www.technologysport.com

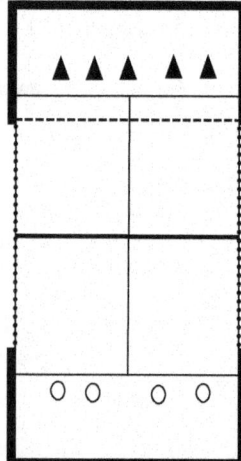

Ejercicio 031   Ejercicios con Niños

Objetivo: Ejercicios para la coordinación y agilidad.

Descripción:

Batalla de bolas. Dispersadas todas las bolas entre los dos lados de la pista, los niños separados por equipos tendrán que coger las bolas de su campo y pasarlas al campo contrario. Pasado unos minutos, gana quien menos bolas tiene en su campo.

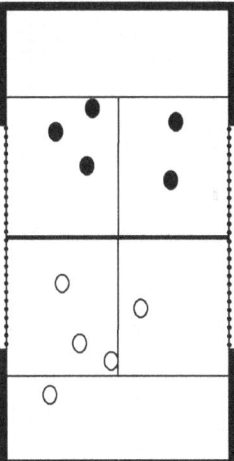

Ejercicio 032   Ejercicios con Niños

Objetivo: Ejercicios para la coordinación y cooperación.

Descripción:

Colocados los niños por parejas, se colocarán una pelota entre sus espaldas y cuando indique el monitor correrán hacia la red. Si a alguna pareja se le cae la pelota deberá comenzar de nuevo.

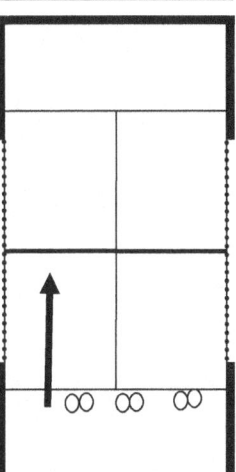

Ejercicio 033   Ejercicios con Niños

Objetivo: Ejercicios para la coordinación.

Descripción:

La bola de helado. Formamos dos equipos, y a cada equipo le daremos un cono y un globo que deberán transportar hasta rodear el cono situado cerca de la red, y hacer el relevo con su compañero de equipo. Si se le cae deberá empezar de nuevo.

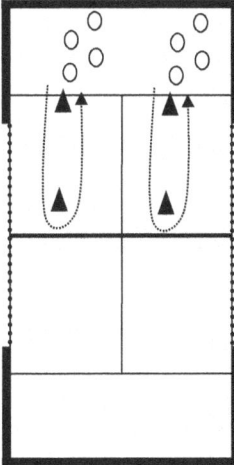

Ejercicio 034   Ejercicios con Niños

Objetivo: Ejercicios para la coordinación.

Descripción:

Balonmano. Formamos dos equipos, uno defenderá intentando quitar la bola y el otro intentará pasarse la bola sin que se caiga y sin que los contrarios se la quiten. Si llegan a 10 pases, ganan.

Variante: se puede jugar con dos bolas a la vez, pero si alguna bola se cae, se cambia la posición de los equipos.

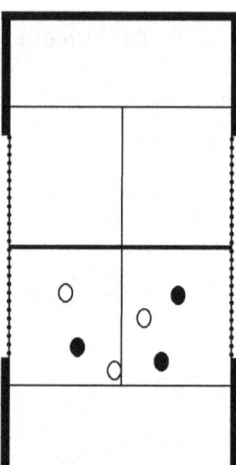

Ejercicio 035   Ejercicios con Niños

Objetivo: Ejercicios para la coordinación.

Descripción:

Declaro la guerra. Un niño tendrá una bola que lanzará al aire y dirá el nombre de otro niño. Los demás niños se alejarán y en cuanto que el niño nombrado coja la bola, se pararán todos. En ese momento intentará golpear a algún niño para eliminarlo.

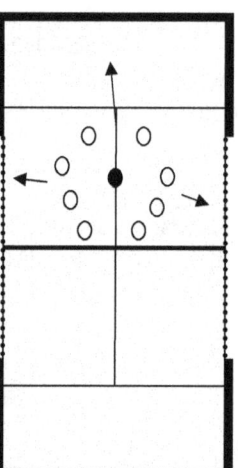

Ejercicio 036   Ejercicios con Niños

Objetivo: Ejercicios para la coordinación.

Descripción:

Puntería. Separados dos equipos por la línea media, se colocará un equipo con una bola e intentará golpear a alguno de los contrarios del otro equipo. Si le golpea y la bola cae al suelo, ese jugador queda eliminado, pero si la bola es cogida sin caer al suelo, el jugador que tiró está eliminado.

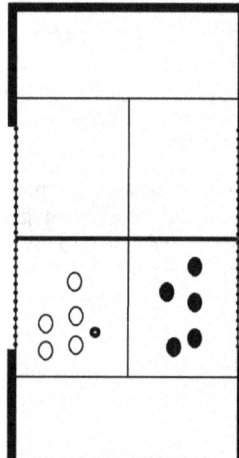

Ejercicio 037   Ejercicios con Niños

Objetivo: Evitar las bolas y ver los rebotes
Nombre del ejercicio: Mata Pollos

Descripción:
Mata pollos tradicional en el que se acota la zona donde los niños deberán evitar las bolas lanzadas por el monitor, el cual las lanzará directamente o con rebote en las paredes para que se familiaricen con los rebotes. Al niño que la bola le dé, quedará eliminado.

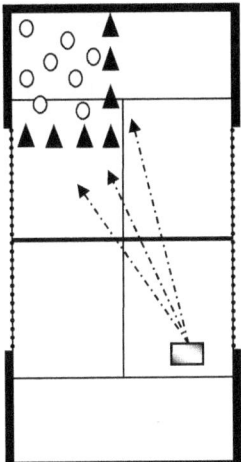

Ejercicio 038   Ejercicios con Niños

Objetivo: Coordinación de golpes
Nombre del ejercicio: El Yo-Yo

Descripción:
Con una bola con elástico y su soporte, hacer que los alumnos practiquen el golpe de derecha o de revés, para ver qué alumno logra un mayor número de golpes con un máximo de un bote.

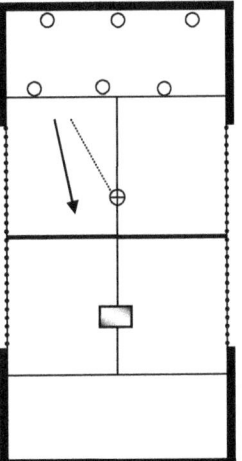

Ejercicio 039   Ejercicios con Niños

Objetivo: Iniciación a los partidos
Nombre del ejercicio: Mini Partido de Pádel

Descripción:
Utilizando una red de mini pádel o una cadena, dividiremos media pista por la línea media y jugaremos partidos dos a dos. Después de 2´ se alterna la posición de los jugadores.

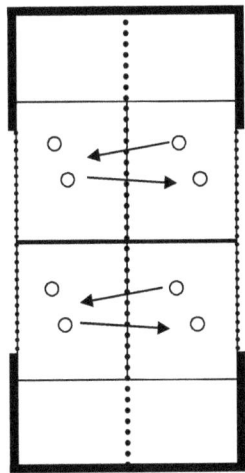

Ejercicio 040   Ejercicios con Niños

Objetivo: Coordinación de movimientos
Nombre del ejercicio: Carrera de Relevos

Descripción:
Se trata de una carrera de relevos por equipos, donde los alumnos tendrán marcada con conos la zona de relevos manteniendo la bola sobre la pala. Aquel alumno que la deje caer, comenzará su recorrido desde el inicio. El cambio de bola se realizará también sin que la bola caiga y evitando tocarla con la mano.

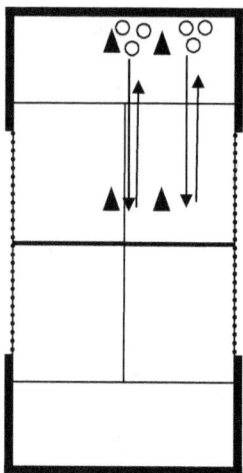

Ejercicio 041   Ejercicios con Niños

Objetivo: Aprendizaje del golpe de volea de revés
Secuencia de golpes: VR

Descripción:
Todos los jugadores menos 2 se sitúan en un lado de la pista y golpean de volea de revés desde la mitad de la pista intentando que la bola bote en el otro lado de la pista. Si no lo consiguen o fallan, pasan al otro lado. Si los que están recibiendo consiguen golpear la bola antes de que toque el suelo, intercambian la posición.

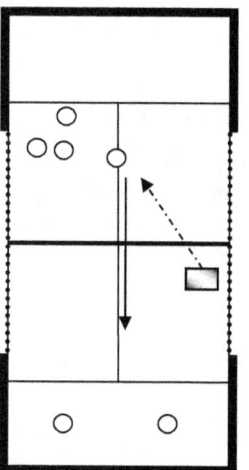

Ejercicio 042   Ejercicios con Niños

Objetivo: Desplazamientos
Nombre del ejercicio: Comecocos

Descripción:
Consiste en desplazarse utilizando como única vía las líneas de la pista, sin salirse de ellas. Cada alumno llevará una pelota sobre la pala y deben mantenerla ahí sin que se caiga al suelo, si fuese así se convierte en el comecocos y tiene que perseguir.

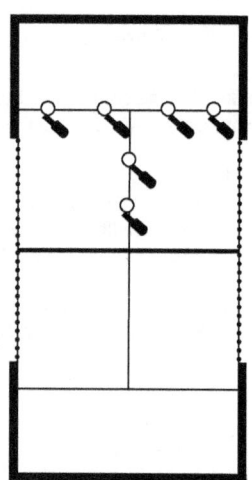

Ejercicio 043   Ejercicios con Niños

Objetivo: Ejercicios para la velocidad y la coordinación.

Descripción:

Busca tu pelota. Todos los niños tendrán una pelota que será marcada con su nombre para no confundirla con la de sus compañeros (si se tienen de distinto color, mucho mejor). A la señal del monitor, lanzarán todas las pelotas hacia arriba y tratarán de encontrar la suya lo más rápido posible. El último en coger su bola queda eliminado.

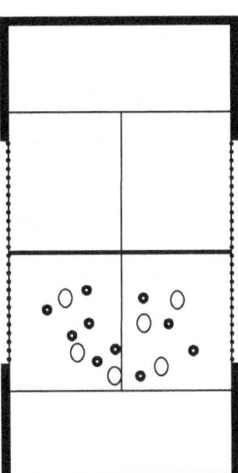

Ejercicio 044   Ejercicios con Niños

Objetivo: Lanzamiento y coordinación.

Descripción:

Tiro a la pala. Formamos equipos de dos personas con una pala colocada en la reja. Cada equipo tendrá una sola bola que tirarán contra su pala para intentar tirarla. El que no tira, recoge la bola y va a la posición de tiro.

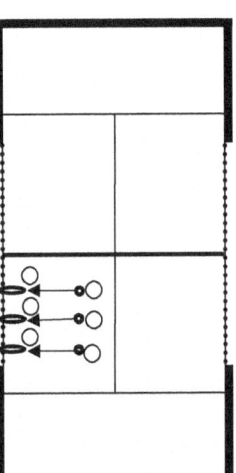

Ejercicio 045   Ejercicios con Niños

Objetivo: Ejercicios para la coordinación de los lanzamientos, coordinación y recepción.

Descripción:

La canasta por parejas. Formamos equipos de dos niños con un cono y una pelota. A cierta distancia se tirarán la bola para intentar meterla dentro del cono. Si aciertan cambian de posición. En cuanto consigan meter la bola los dos niños, termina el juego.

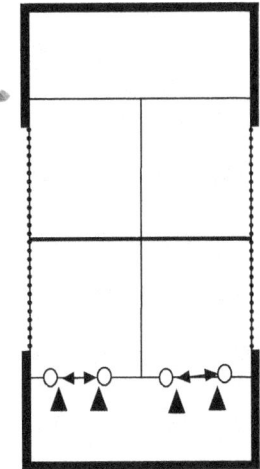

Ejercicio 046   Ejercicios con Niños

Objetivo: Ejercicios para la coordinación de los lanzamientos, coordinación y recepción.

Descripción:

Los inmortales de bandeja. Ubicados todos los niños, salvo uno detrás de la línea, ejecutarán golpes de bandeja evitando que su compañero del otro lado toque la bola. Si la toca, intercambian la posición. Si falla el golpe, se va con su compañero. Y si mete la bola sin que la toque nadie, vuelve a la fila para continuar el ejercicio. Gana el niño que quede solo en la fila.

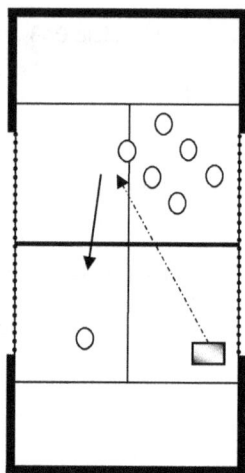

Ejercicio 047   Ejercicios con Niños

Objetivo: Ejercicios para la coordinación de los lanzamientos, coordinación y recepción.

Descripción:

Los inmortales de salida de fondo de derecha. Ubicados todos los niños, salvo uno detrás de la línea, ejecutarán golpes de salida de fondo de derecha evitando que su compañero del otro lado toque la bola. Si la toca, intercambian la posición. Si falla el golpe, se va con su compañero. Y si mete la bola sin que la toque nadie, vuelve a la fila para continuar el ejercicio. Gana el niño que quede solo en la fila.

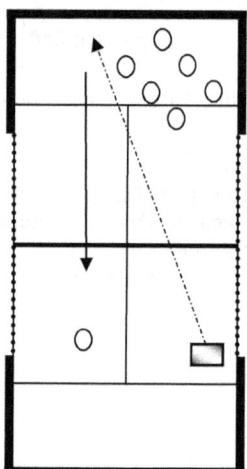

Ejercicio 048   Ejercicios con Niños

Objetivo: Ejercicios para la coordinación de los lanzamientos, coordinación y recepción.

Descripción:

Los inmortales de salida de fondo de revés. Ubicados todos los niños, salvo uno detrás de la línea, ejecutarán golpes de salida de fondo de revés evitando que su compañero del otro lado toque la bola. Si la toca, intercambian la posición. Si falla el golpe, se va con su compañero. Y si mete la bola sin que la toque nadie, vuelve a la fila para continuar el ejercicio. Gana el niño que quede solo en la fila.

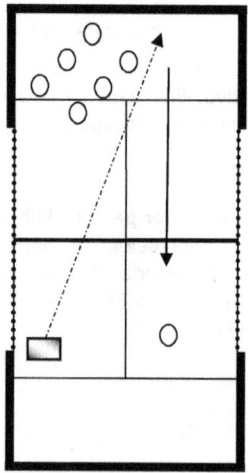

Ejercicio 049   Ejercicios con Niños

Objetivo: Ejercicios para la coordinación.

Descripción:

El huevo frito. Por equipos, los jugadores llevarán por un circuito una bola sobre la pala, y al llegar donde su compañero se la pasará evitando que ésta caiga.

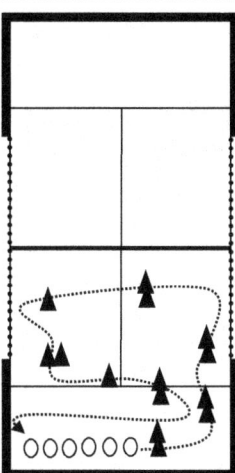

Ejercicio 050   Ejercicios con Niños

Objetivo: Ejercicios para la coordinación óculo manual.

Descripción:

El perrito. Los niños llevarán sobre las líneas la pelota haciendo rodar y alternando las empuñaduras de derecha y de revés.

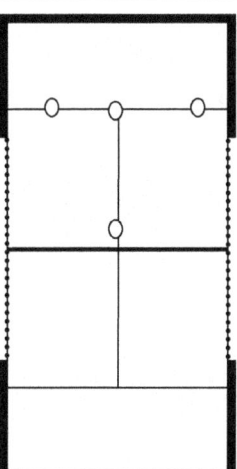

Ejercicio 051   Ejercicios con Niños

Objetivo: Ejercicios para la coordinación.

Descripción:

El tren. Formamos dos equipos en fila, y a cada equipo le daremos una bola que deberán pasar por encima de la cabeza para que llegue al final y así hacer un punto.

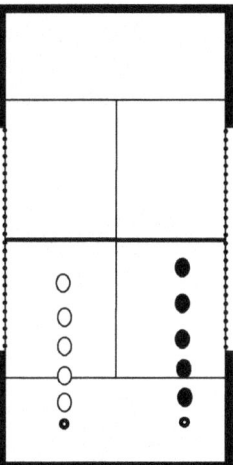

Ejercicio 052   Ejercicios con Niños

Objetivo: Ejercicios para la coordinación.

Descripción:

La bandeja. Formamos dos equipos, y a cada equipo le daremos una bola que deberán transportar sobre la pala hasta rodear el cono situado cerca de la red, y hacer el relevo con su compañero de equipo. Si se le cae deberá empezar de nuevo.

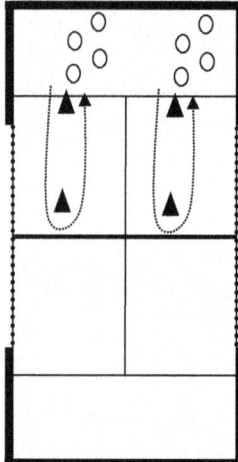

Ejercicio 053   Ejercicios con Niños

Objetivo: Ejercicios para la coordinación.

Descripción:

Formamos parejas y a cada pareja le daremos dos conos y una bola que deberán lanzarse intentando meterla dentro del cono de su compañero. Si consiguen meterla avanzarán un paso. Si fallan mantienen la posición.

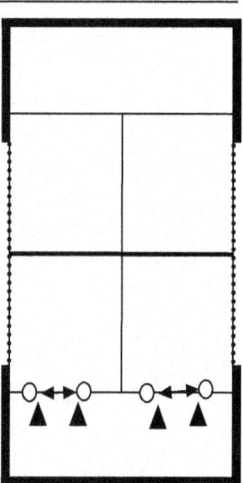

Ejercicio 054   Ejercicios con Niños

Objetivo: Ejercicios para la coordinación.

Descripción:

La bandeja. Formamos dos equipos, y a cada equipo le daremos una bola que deberán transportar sobre la pala hasta rodear el cono situado cerca de la red, y hacer el relevo con su compañero de equipo. Si se le cae deberá empezar de nuevo.

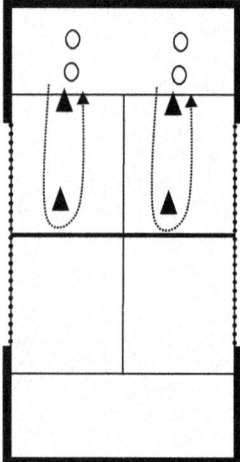

Ejercicio 055   Ejercicios con Niños

Objetivo: Ejercicios para el desarrollo de la coordinación dinámica general.

Descripción:
Colocaremos conos emparejados y tirados en el suelo de lado separados 50 cm sobre la línea media y haremos que los niños corran y salten para salvarlos.

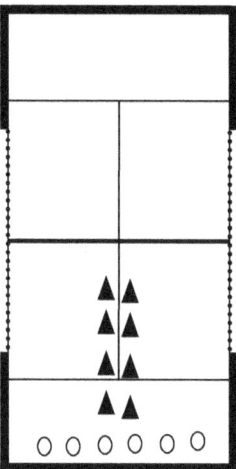

Ejercicio 056   Ejercicios con Niños

Objetivo: Ejercicios para el desarrollo de la coordinación dinámica general.

Descripción:
Colocaremos conos emparejados pero unidos por las bases y tirados en el suelo de lado separados 50 cm sobre la línea media y haremos que los niños corran y salten para salvarlos.

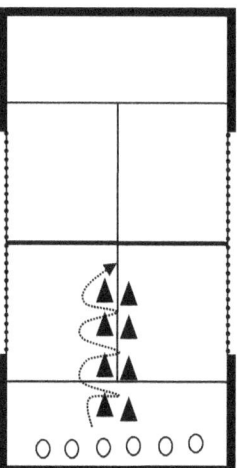

Ejercicio 057   Ejercicios con Niños

Objetivo: Ejercicios para el desarrollo de la coordinación dinámica general.

Descripción:
Colocaremos conos emparejados pero unidos por los vértices y tirados en el suelo de lado separados 50 cm sobre la línea media y haremos que los niños corran y salten para salvarlos.

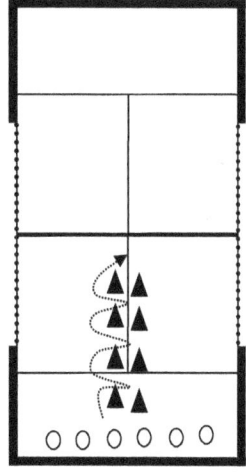

Ejercicio 058   Ejercicios con Niños

Objetivo: Velocidad de reacción y movimiento.

Descripción:
Las líneas. Ubicados todos los niños pegados a la pared de fondo, el monitor dirá alguna de las siguientes palabras: "línea de saque", "línea del medio", "reja", "red" o "pico", tras lo cual los alumnos correrán para llegar lo antes posible, ya que el último en llegar será eliminado.

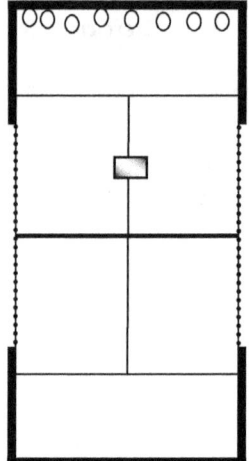

Ejercicio 059   Ejercicios con Niños

Objetivo: Coordinación de los rebotes y de la recepción.

Descripción:
Los bolos. Ubicados los niños sobre la línea de saque, el monitor les lanzará bolas continuamente y ellos tienen que evitarlas sin salirse de la zona marcada. El ganador será el último que quede sin ser golpeado.

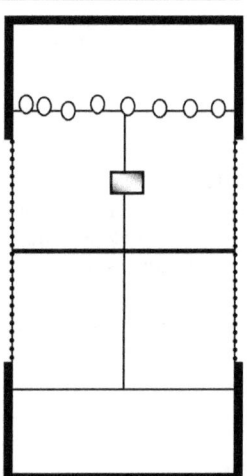

Ejercicio 060   Ejercicios con Niños

Objetivo: Coordinación del movimiento.

Descripción:
El cazador y las liebres. Ubicado un jugador que hace la función de cazador en la zona de detrás de la línea y los demás niños pegados a la red haciendo la función de liebres.
Cuando el entrenador de una señal, las liebres tendrán que empezar a correr para llegar a la zona de saque sin que el cazador les toque.
En el momento en el que el cazador toque a alguien, vuelven a la posición inicial y la presa se convierte también en cazador.

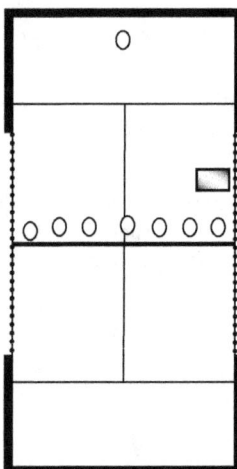

Ejercicio 061   Ejercicios con Niños

Objetivo: Habilidad y coordinación óculo manual.

Descripción:
Ejercicios de pelota en parejas sin pala:

.- con dos pelotas pasar a la vez sin bote.

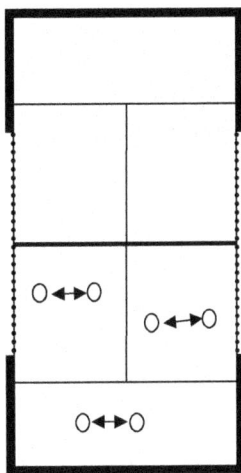

Ejercicio 062   Ejercicios con Niños

Objetivo: Habilidad y coordinación óculo manual.

Descripción:
Ejercicios de pelota en parejas sin pala:

.- con dos pelotas pasar a la vez con bote.

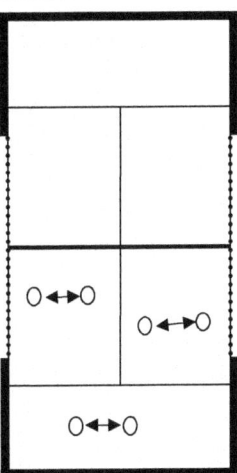

Ejercicio 063   Ejercicios con Niños

Objetivo: Habilidad y coordinación óculo manual.

Descripción:
Ejercicios de pelota en parejas sin pala:

.- pase con bote con giro sobre sí mismo.

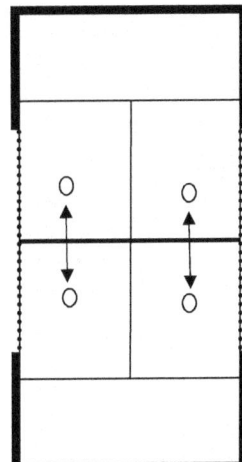

Ejercicio 064   Ejercicios con Niños

Objetivo: El río (2). Aprendizaje básico de la derecha y del revés.
Secuencia de golpes: D o R

Descripción:
El río. Este es uno de los juegos más importantes en el aprendizaje básico de los golpes de derecha y de revés. Un alumno situado frente de otro, con 3 conos entre ambos. Se realizan las siguientes progresiones:

.- uno con pala y otro sin ella. Concepto de golpear en posición lateral, a la altura de la cintura y en profundidad, a la altura del pie más adelantado.

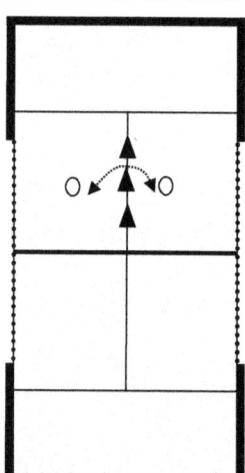

Ejercicio 065   Ejercicios con Niños

Objetivo: El río (3). Aprendizaje básico de la derecha y del revés.
Secuencia de golpes: D o R

Descripción:
El río. Este es uno de los juegos más importantes en el aprendizaje básico de los golpes de derecha y de revés. Un alumno situado frente de otro, con 3 conos entre ambos. Se realizan las siguientes progresiones:

.- ambos alumnos con pala, haciendo botar la bola en la zona marcada.

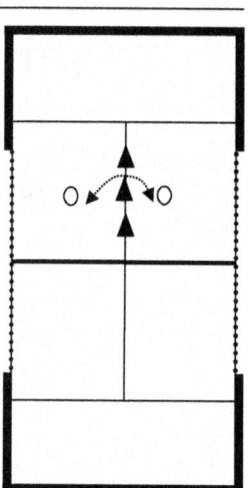

Ejercicio 066   Ejercicios con Niños

Objetivo: El río (4). Aprendizaje básico de la derecha y del revés.
Secuencia de golpes: D o R

Descripción:
El río. Este es uno de los juegos más importantes en el aprendizaje básico de los golpes de derecha y de revés. Un alumno situado frente de otro, con 3 conos entre ambos. Se realizan las siguientes progresiones:

.- igual que el anterior pero con la red de por medio.

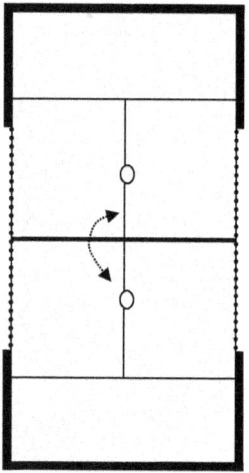

Ejercicio 067   Ejercicios con Niños

Objetivo: Movimiento, coordinación y reacción.

Descripción:
Lugares del mundo. El río, parque, escuela, gimnasio, piscina,... El monitor situará conos a lo largo de la pista y le dará un nombre a cada uno.
Ya colocados los niños en el fondo de la pista, dirá el nombre de uno de los conos y los niños correrán al cono identificado.

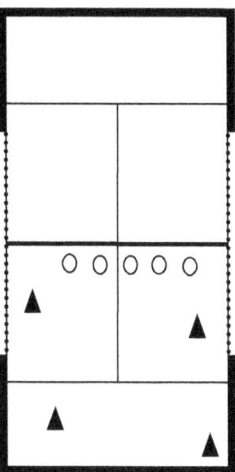

Ejercicio 068   Ejercicios con Niños

Objetivo: Movimiento, coordinación y reacción.

Descripción:
Carreras por número. Enfrentados dos equipos en las rejas, el monitor le dará un número a cada niño.
Cuando diga un número los niños correrán a la línea del medio a coger la pelota que tiene el monitor e intentará volver a su sitio antes de que el contrario le toque.

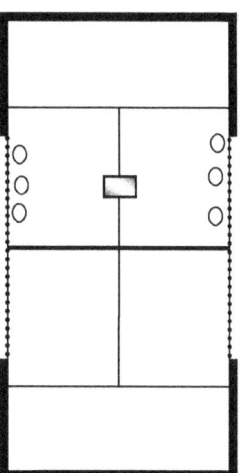

Ejercicio 069   Ejercicios con Niños

Objetivo: Movimiento, coordinación y reacción.

Descripción:
Los colores. El monitor colocará conos de distintos colores por toda la pista, tras lo cual, con los niños colocados en el fondo de la pista dirá un color y los niños correrán a coger uno de los conos indicados. El monitor colocará un cono menos que el número de niños, para que en cada ronda quede eliminado un niño.

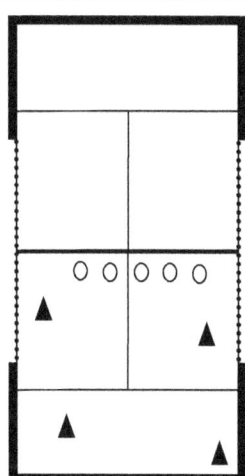

Ejercicio 070   Ejercicios con Niños

Objetivo: Ejercicios para el desarrollo de los aspectos preceptivos del espacio-tiempo. Coordinación.

Descripción:

Sobre la red y colgando de una goma delimitadora de altura*, colocaremos un aro.

Los niños enfrentados a cada uno de los lados y separados de la red 1 metro, se pasarán la bola a través del aro, primero sin bote y luego con bote.

- * www.technologysport.com

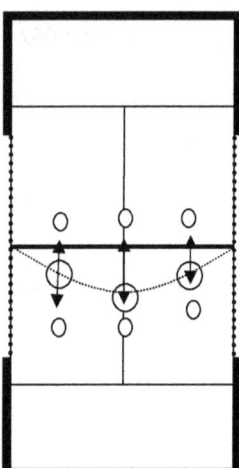

Ejercicio 071   Ejercicios con Niños

Objetivo: Ejercicios para la velocidad de reacción.

Descripción:

Sobre la línea media colocaremos un cono, y enfrentaremos a dos niños separados del cono 3 metros. A la voz del monitor, correrán hacia el cono para ver quien lo toca antes.

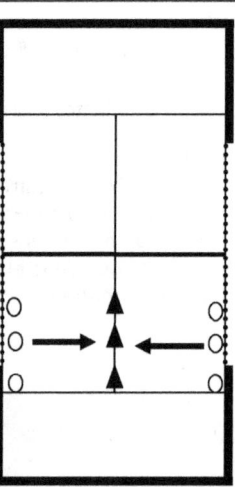

Ejercicio 072   Ejercicios con Niños

Objetivo: Ejercicios para la velocidad de reacción.

Descripción:

Sobre la línea media colocaremos un cono, y enfrentaremos a dos niños de espaldas y separados del cono 3 metros. A la voz del monitor, correrán hacia el cono para ver quien lo toca antes.

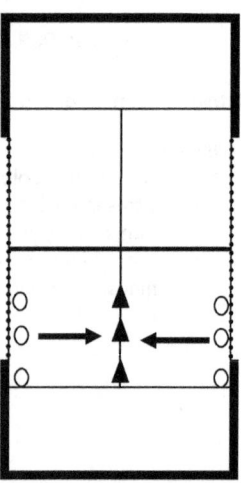

Ejercicio 073   Ejercicios con Niños

Objetivo: Ejercicios para la coordinación.

Descripción:

El espejo. Colocados los niños sobre la línea de saque, imitarán sin pelota los golpeos que realiza el monitor.

Si se domina, lo ejecutarán con bola.

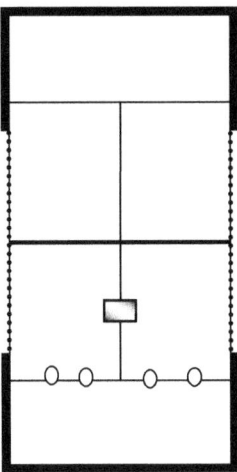

Ejercicio 074   Ejercicios con Niños

Objetivo: Ejercicios para la coordinación.

Descripción:

El mareo. Realizamos un círculo con los niños y uno de ellos en el medio. Intentamos que se pasen la pelota con bote sin que el niño del medio la toque. Si la toca o se le cae al que recepciona, se intercambian las posiciones.

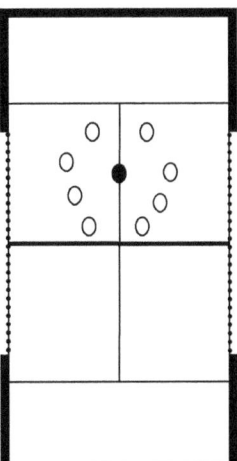

Ejercicio 075   Ejercicios con Niños

Objetivo: Ejercicios para la coordinación.

Descripción:

El túnel. Dos equipos colocados en fila, se pasarán la pelota por debajo de las piernas hasta que llegue al final.

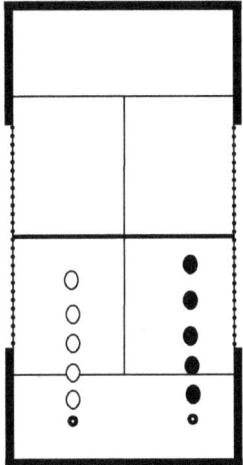

Ejercicio 076   Ejercicios con Niños

Objetivo: Ejercicios para la coordinación de los lanzamientos, coordinación y recepción.

Descripción:

Los inmortales de revés. Ubicados todos los niños, salvo uno detrás de la línea, ejecutarán golpes de revés evitando que su compañero del otro lado toque la bola. Si la toca, intercambian la posición. Si falla el golpe, se va con su compañero. Y si mete la bola sin que la toque nadie, vuelve a la fila para continuar el ejercicio. Gana el niño que quede solo en la fila.

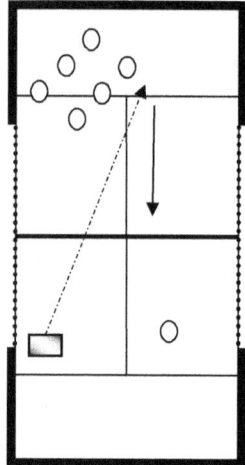

Ejercicio 077   Ejercicios con Niños

Objetivo: Ejercicios para la coordinación de los lanzamientos, coordinación y recepción.

Descripción:

Los inmortales de volea de derecha. Ubicados todos los niños, salvo uno detrás de la línea, ejecutarán golpes de volea de derecha evitando que su compañero del otro lado toque la bola. Si la toca, intercambian la posición. Si falla el golpe, se va con su compañero. Y si mete la bola sin que la toque nadie, vuelve a la fila para continuar el ejercicio. Gana el niño que quede solo en la fila.

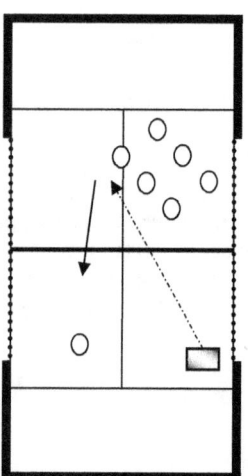

Ejercicio 078   Ejercicios con Niños

Objetivo: Ejercicios para la coordinación de los lanzamientos, coordinación y recepción.

Descripción:

Los inmortales de volea de revés. Ubicados todos los niños, salvo uno detrás de la línea, ejecutarán golpes de volea de revés evitando que su compañero del otro lado toque la bola. Si la toca, intercambian la posición. Si falla el golpe, se va con su compañero. Y si mete la bola sin que la toque nadie, vuelve a la fila para continuar el ejercicio. Gana el niño que quede solo en la fila.

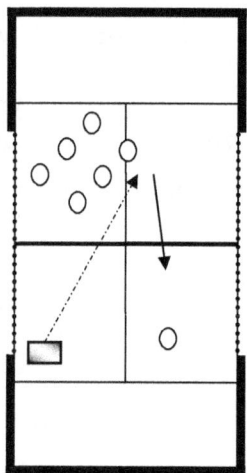

Ejercicio 079   Ejercicios con Niños

Objetivo: Ejercicios para la coordinación.

Descripción:

Circuito en el que alternaremos los conos tirados, los conos de pie, los conos doble y los conos altos, para que los niños coordinen distintos tipos de saltos.

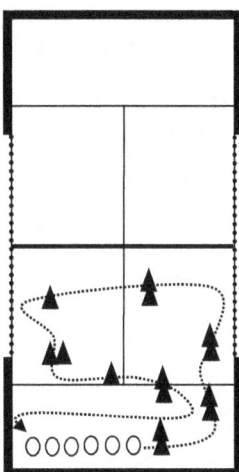

Ejercicio 080   Ejercicios con Niños

Objetivo: Ejercicios para la coordinación.

Descripción:

Raseando. Colocaremos a los niños el fondo de la pista y deberán realizar slalom en un circuito de conos arrastrando la bola por el suelo.

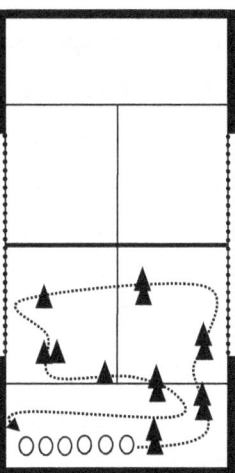

Ejercicio 081   Ejercicios con Niños

Objetivo: Ejercicios para la coordinación y competición.

Descripción:

El hockey. Formamos dos equipos con una portería cada uno. Jugaremos un partido en el que los jugadores empujarán la pelota sobre el suelo, golpeándola a algún compañero si quieren, pero nunca levantándola.

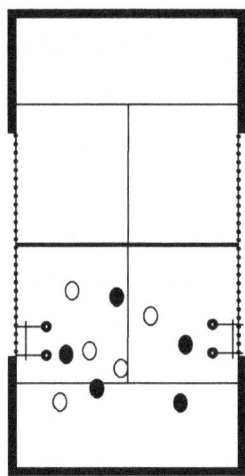

Ejercicio 082   Ejercicios con Niños

Objetivo: Ejercicios para el desarrollo de la coordinación óculo-manual y óculo-pie.

Descripción:
De pie y a la pata coja, dos niños separados un metro de distancia, se pasarán una pelota sin bote, y una vez perfeccionado lo realizarán con un bote.
Cuando esté perfeccionado, se aumentará la distancia entre ellos.

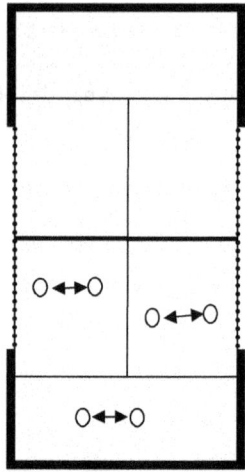

Ejercicio 083   Ejercicios con Niños

Objetivo: Ejercicios para el desarrollo de la coordinación óculo-manual y óculo-pie.

Descripción:
Sentado en el suelo un niño y otro de pie, y separados un metro de distancia, se pasarán una pelota sin bote, y una vez perfeccionado lo realizarán con un bote.
Cuando esté perfeccionado, se aumentará la distancia entre ellos.

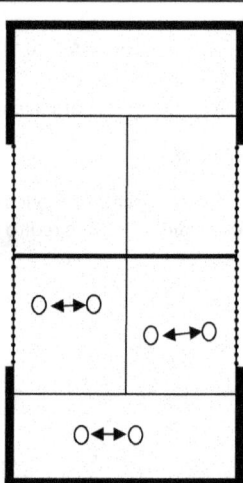

Ejercicio 084   Ejercicios con Niños

Objetivo: Ejercicios para el desarrollo de la coordinación óculo-manual y óculo-pie.

Descripción:
Sentados dos niños en el suelo y separados un metro de distancia, uno de los niños tendrá un cono a modo de canasta y el otro intentará meter la bola dentro del cono.
Una vez perfeccionado lo realizarán con un bote.
Cuando esté perfeccionado, se aumentará la distancia entre ellos.

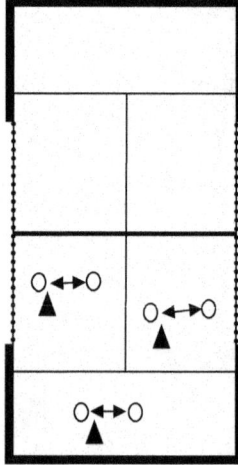

Ejercicio 085   Ejercicios con Niños

Objetivo: Iniciación a los partidos.

Descripción:
Enfrentados dos jugadores en el fondo de la pista separados por una red de mini tenis*, jugarán partidos en individual utilizando las paredes de fondo.

- * www.technologysport.com

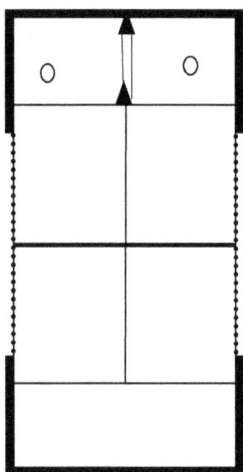

Ejercicio 086   Ejercicios con Niños

Objetivo: Movimiento, coordinación y reacción.

Descripción:
El profe loco. Ubicados los jugadores formando un círculo en movimiento, el profesor que está en el medio toca con una pelota a uno de los jugadores el cual deberá coger la pelota e ir a tocar con la misma a uno de sus compañeros que se han dispersado por la pista. Una vez tocado el jugador, soltará la pelota para que su compañero realice el mismo ejercicio.

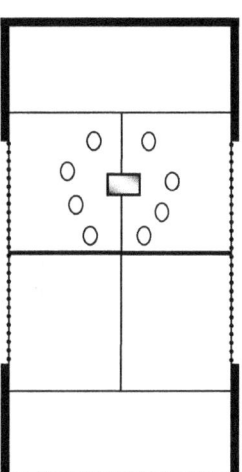

Ejercicio 087   Ejercicios con Niños

Objetivo: Movimiento, coordinación y reacción.

Descripción:
Seguir a la policía. Ubicados todos los jugadores en fila corriendo en pista, de repente el monitor dice el nombre de uno de los niños y éstos tienen que rehacer la fila detrás del niño nombrado.

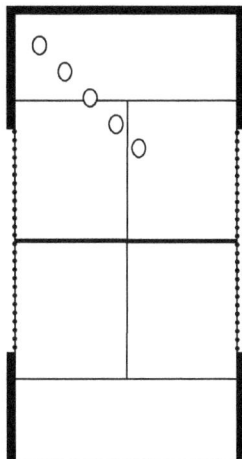

Ejercicio 088   Ejercicios con Niños

Objetivo: Coordinación de los movimientos.

Descripción:
Comecocos (1). En este juego los jugadores se desplazan por las diferentes líneas de la mitad de la pista, uno de ellos realiza las funciones de comecocos y tratará de pillar a los demás que, una vez alcanzados, pasarán a ser los que hagan la función de comecocos.

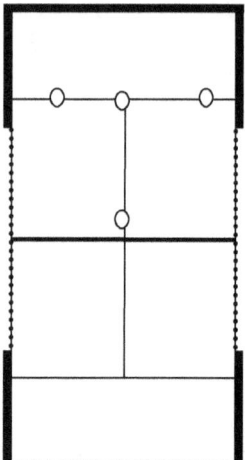

Ejercicio 089   Ejercicios con Niños

Objetivo: Coordinación de los movimientos.

Descripción:
Comecocos (2). En este juego los jugadores se desplazan por las diferentes líneas de la mitad de la pista, uno de ellos realiza las funciones de comecocos y tratará de pillas a los demás que, una vez alcanzados, pasarán a hacer la función de comecocos e intentarán pillar entre todos a los que quedan libres.

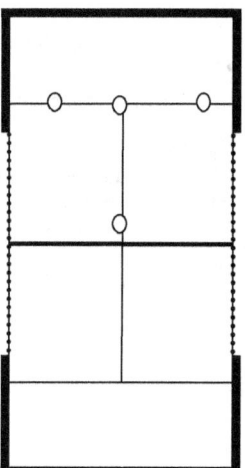

Ejercicio 090   Ejercicios con Niños

Objetivo: Coordinación y psicomotricidad.

Descripción:
El círculo. Colocados los niños en círculo y con el monitor dentro, éste les lanzará bolas con la mano para que la recojan después de rebote en el suelo.
Una vez se perfeccione, la bola será lanzada con bote entre los componentes del círculo.

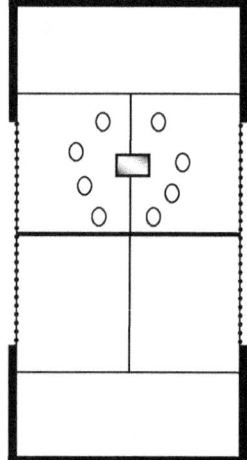

Ejercicio 091   Ejercicios con Niños

Objetivo: Percepción y ajuste de los rebotes en las paredes.

Descripción:
Matapollos V.2. El profesor se situará en un lado de la pista pegado a la valla lateral, y los niños detrás de la línea de saque. El profesor lanzará bolas con y sin rebote en las paredes del fondo de la pista para que los niños las esquiven. Al niño que le toque una pelota, tendrá que salir de la zona establecida y trasladarse en la "cárcel" donde permanecerá hasta que el profesor diga que le salven.

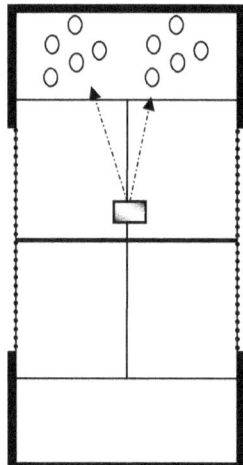

Ejercicio 092   Ejercicios con Niños

Objetivo: Coordinación del golpeo y de la recepción.

Descripción:
Béisbol. 2 equipos. Un equipo batea la bola que lanza el profesor y tiene que recorrer las bases situadas en la pista. El otro equipo tiene que coger la bola para intentar eliminar a los del otro equipo. No es válido el lanzamiento que va directo a la reja, red o pared, siendo sólo válido si toca suelo. Para eliminar al jugador hay que coger la pelota al aire o meterla en el cesto antes de que los jugadores tomen la base.

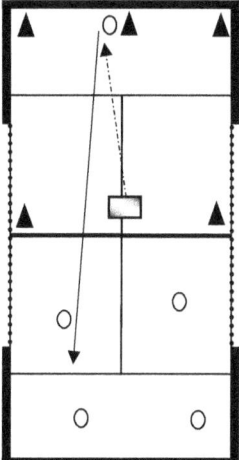

Ejercicio 093   Ejercicios con Niños

Objetivo: Coordinación del golpeo y de la recepción.

Descripción:
Fútbol-Pádel. Ubicados todos los niños menos uno en fila en un lado de la pista, golpearán el golpe que el monitor indique intentando meterle gol al niño que hace la función de portero en el otro lado de la pista. La portería se monta con una goma de pico a pico y dos tubos colgados de ella que hacen la función de poste. Quien mete gol se pone de portero.

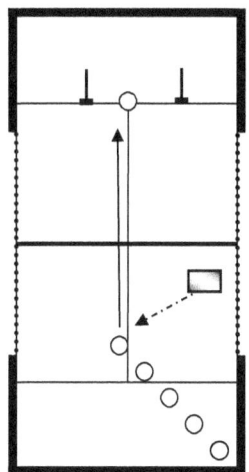

Ejercicio 094   Ejercicios con Niños

Objetivo: Coordinación, rapidez y visualización.

Descripción:
Las bolas calientes. Ubicados todos los jugadores a un lado de la red, el monitor lanzará una bola menos que jugadores hay. Los jugadores cogerán la bola y la botarán sobre la pala, quedando uno eliminado. Entonces el monitor irá restando bolas según se eliminen.

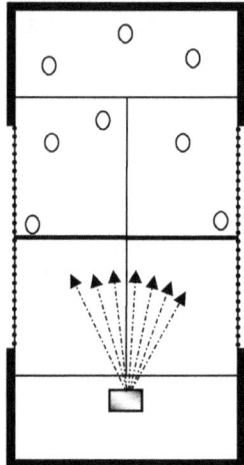

Ejercicio 095   Ejercicios con Niños

Objetivo: Coordinación y control de bola.

Descripción:
Ubicados los niños sobre la línea de saque, a la voz del monitor correrán hacia la red haciendo botar la bola. Al llegar a la red, se darán la vuelta para llegar a la línea de saque que será la meta.

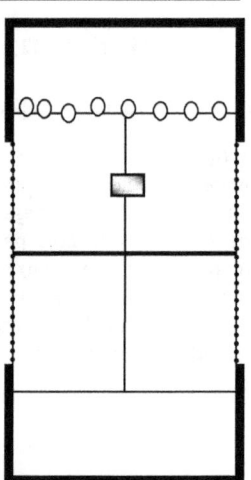

Ejercicio 096   Ejercicios con Niños

Objetivo: Coordinación del golpeo y del movimiento.

Descripción:
Ubicados los niños en el fondo de la pista, realizarán una escalera de coordinación* y al llegar al final lanzarán con la mano una pelota intentando derribar los conos situados en media pista.

- * www.technologysport.com

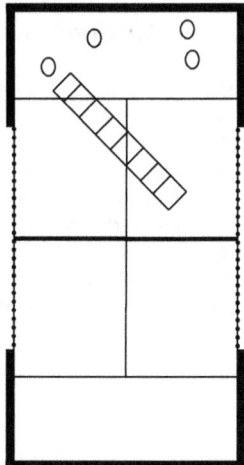

Ejercicio 097   Ejercicios con Niños

Objetivo: Movimiento, coordinación y reacción.

Descripción:
El semáforo. El monitor montará un circuito de conos por el que los niños correrán. A la voz de "Amarillo" se desplazarán como ranas, a la voz de "Rojo" se detendrán y a la voz de "Verde" continuarán la carrera.

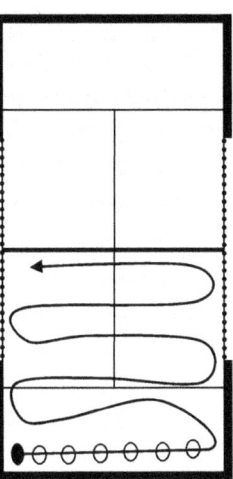

Ejercicio 098   Ejercicios con Niños

Objetivo: Movimiento, coordinación y reacción.

Descripción:
La reunión. Estando todos los niños en la pista corriendo, a la voz del monitor realizarán grupos de 2, 3, 4, 5, ..

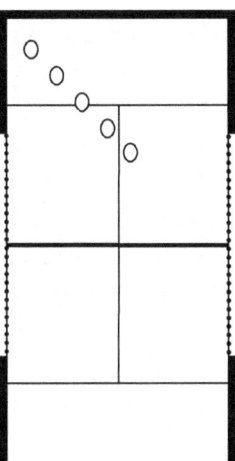

Ejercicio 099   Ejercicios con Niños

Objetivo: Movimiento, coordinación y reacción.

Descripción:
El equilibrista. Los niños, más pequeños en este caso, se desplazarán por las líneas pisando en todo momento sobre ellas. A la voz del monitor cambiarán de sentido. Si coinciden con otro compañero en sentido contrario, se pararán hasta que el monitor cambie el sentido.

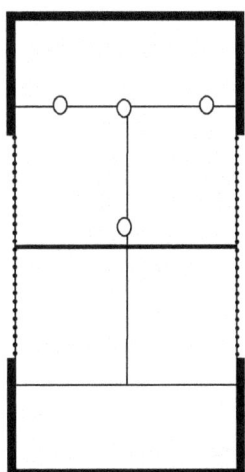

Ejercicio 100   Ejercicios con Niños

Objetivo: Ejercicios para el desarrollo de los aspectos preceptivos del espacio-tiempo.

Descripción:
Colocaremos varios conos dispersados por toda la pista, tantos como niños tengamos, y los niños pegados en la pared de fondo.
A la voz del monitor, éste indicará alguna de las siguientes órdenes: "delante", "detrás", "izquierda" y "derecha", tras lo cual los niños correrán y adoptarán la posición indicada por el monitor.

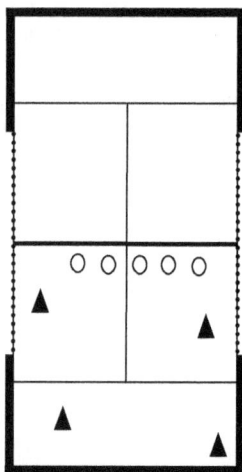

Ejercicio 101   Ejercicios con Niños

Objetivo: Ejercicios para el desarrollo de los aspectos preceptivos del espacio-tiempo. Coordinación.

Descripción:
Colocaremos varias vallas de la misma altura sobre la línea media separadas a la misma distancia y haremos que los alumnos salten y coordinen los pasos para poder saltar coordinadamente.

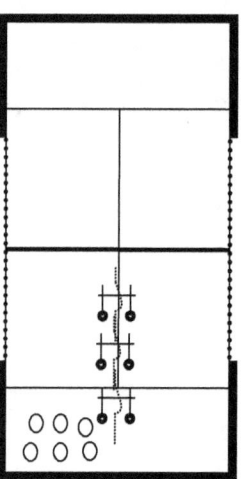

Ejercicio 102   Ejercicios con Niños

Objetivo: Aprendizaje del golpe desde el fondo
Secuencia de golpes: Derecha o revés

Descripción:
Colocamos dos porterías sobre la línea de uno de los fondos con dos porteros con pala. En el otro lado se ubicarán los niños que golpearán a la pelota intentando meter gol a sus compañeros. Si el portero devuelve la pelota al otro campo puede haber rebote.
El portero solo puede parar las pelotas con la pala. Si le meten gol o la toca con el cuerpo, se cambia de portero.

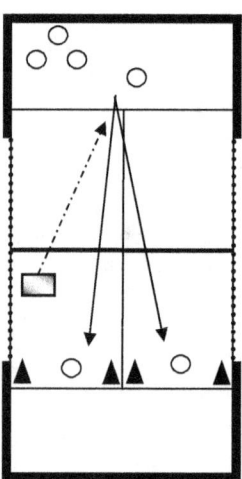

Ejercicio 103   Ejercicios con Niños

Objetivo: Mejora de la velocidad de reacción y atención.

Descripción:

La patata caliente. Todos los jugadores se pasan una bola mientras todos están en movimiento en una zona delimitada. En un momento el monitor pronuncia la palabra "patata", tras lo cual la última persona que tenía la bola queda eliminada.

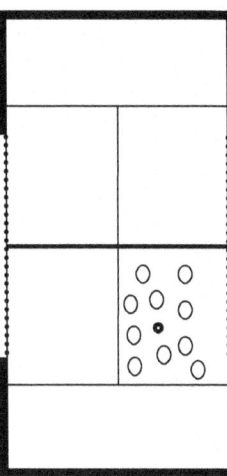

Ejercicio 104   Ejercicios con Niños

Objetivo: Mejora de la velocidad de reacción, atención, agilidad y competencia.

Descripción:

El ladrón. Formamos dos equipos separados por la línea media, y a cada equipo le daremos diez bolas. Cada equipo tendrá que intentar defenderse del equipo contrario que intentará quitarle las bolas para llevarlas a su campo, lo mismo que tendrán que hacer ellos. El equipo que consiga tener más balones en su campo será el ganador.

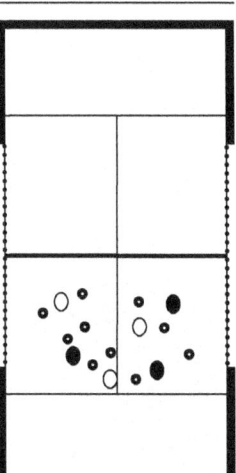

Ejercicio 105   Ejercicios con Niños

Objetivo: Ejercicios para la coordinación.

Descripción:

La línea. Formamos dos equipos, qué intentarán pasarse la bola entre ellos para intentar posarla sobre la línea del campo contrario. Si se les cae la bola, pierden el turno.

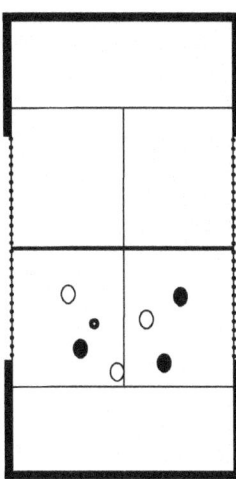

Ejercicio 106   Ejercicios con Niños

Objetivo: Ejercicios para la coordinación de los lanzamientos, coordinación y recepción.

Descripción:

Los inmortales de salida de lateral de derecha. Ubicados todos los niños, salvo uno detrás de la línea, ejecutarán golpes de salida de lateral de derecha evitando que su compañero del otro lado toque la bola. Si la toca, intercambian la posición. Si falla el golpe, se va con su compañero. Y si mete la bola sin que la toque nadie, vuelve a la fila para continuar el ejercicio. Gana el niño que quede solo en la fila.

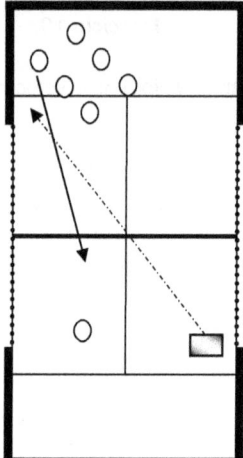

Ejercicio 107   Ejercicios con Niños

Objetivo: Ejercicios para la coordinación de los lanzamientos, coordinación y recepción.

Descripción:

Los inmortales de salida de lateral de revés. Ubicados todos los niños, salvo uno detrás de la línea, ejecutarán golpes de salida de lateral de revés evitando que su compañero del otro lado toque la bola. Si la toca, intercambian la posición. Si falla el golpe, se va con su compañero. Y si mete la bola sin que la toque nadie, vuelve a la fila para continuar el ejercicio. Gana el niño que quede solo en la fila.

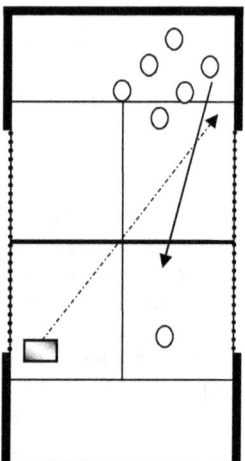

Ejercicio 108   Ejercicios con Niños

Objetivo: Ejercicios para la coordinación de los lanzamientos, coordinación y recepción.

Descripción:

El tiro enfrente. Ubicados todos los niños en círculo y separados por parejas, a la voz del monitor se pasarán la bola sin bote a la vez.

Una vez se perfeccione, se intentará realizar con bote en el suelo.

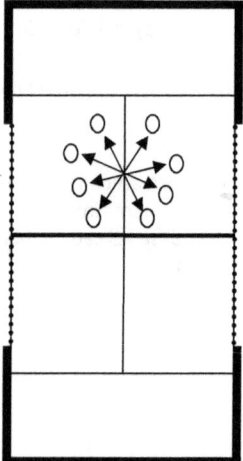

Ejercicio 109   Peque-Pádel

Objetivo: Psicomotricidad
Nombre del ejercicio: Mama Gallina

Descripción:
Colocados los alumnos en la línea media en fila india, deberán evitar que la bola toque al alumno que está primero de la fila pero de espaldas, el cual es movido por su compañero. Para ello, agarrándole por la cintura, deben desplazarse por todo el espacio. Ganará aquel alumno que tengo un menos número de fallos.

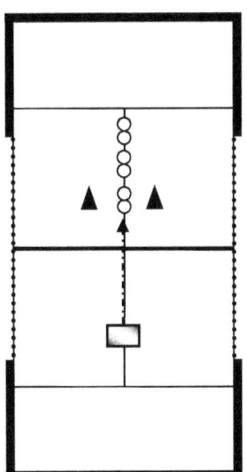

Ejercicio 110   Peque-Pádel

Objetivo: Psicomotricidad
Nombre del ejercicio: Los Marcianitos

Descripción:
El monitor se sitúa detrás de la red y los alumnos al otro lado, sobre la línea media del campo (en fila india), y entre dos conos. Estos deben evitar ser tocados con la bola lanzada por el monitor y si son alcanzados deben correr hacia la pared de fondo y situarse el último de la fila. Ganará aquel alumno que cuando no queden bolas en el carro sea el primero de la fila.

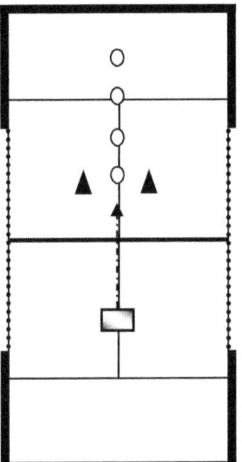

Ejercicio 111   Peque-Pádel

Objetivo: Puntería y coordinación
Nombre del ejercicio: La Diana

Descripción:
Todos los niños colocarán su pala en la reja y desde la línea de conos tendrán como objetivo tirar las palas con la bola. No podrán ni acercarse ni tirar más de una bola. Gana el dueño de la pala que quede en la reja.

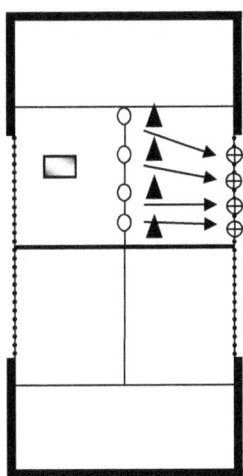

Ejercicio 112   Ejercicios con Niños

Objetivo: Ejercicios para la coordinación de los lanzamientos, coordinación y recepción.

Descripción:

Petanca. Formamos equipos de dos niños con dos bolas. A cierta distancia colocamos un cono e intentarán lanzar la bola lo más cerca posible. El equipo que consiga dejar la bola más cerca, gana.

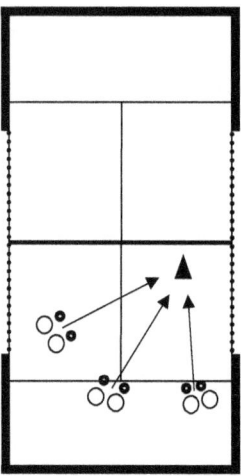

Ejercicio 113   Ejercicios con Niños

Objetivo: Ejercicios para la coordinación de los lanzamientos, coordinación y recepción.

Descripción:

Tiro al bolo. Ubicados los niños cerca de la red, tirarán bolas por debajo de la red, la cual estará levantada por dos tubos, para intentar derribar los conos situados en mitad de la pista.

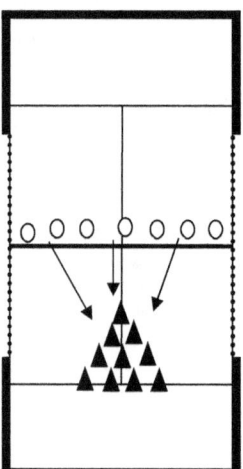

Ejercicio 114   Ejercicios con Niños

Objetivo: Ejercicios para la coordinación de los lanzamientos, coordinación y recepción.

Descripción:

Los inmortales de derecha. Ubicados todos los niños, salvo uno detrás de la línea, ejecutarán golpes de derecha evitando que su compañero del otro lado toque la bola. Si la toca, intercambian la posición. Si falla el golpe, se va con su compañero. Y si mete la bola sin que la toque nadie, vuelve a la fila para continuar el ejercicio. Gana el niño que quede solo en la fila.

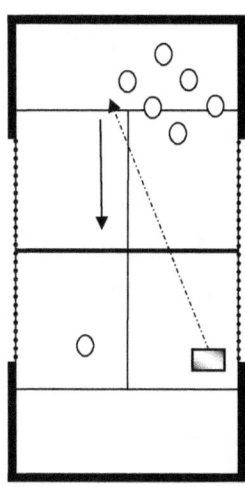

Ejercicio 115   Ejercicios con Niños

Objetivo: Ejercicios para la coordinación óculo-manual.

Descripción:

Pases coordinados. Formamos un círculo con los niños, los cuales estarán en constante movimiento. Los niños se pasarán la bola de atrás hacia adelante, evitando que se caiga.

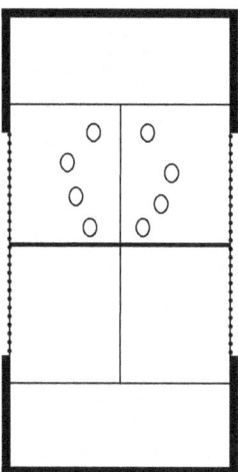

Ejercicio 116   Ejercicios con Niños

Objetivo: Ejercicios para la coordinación óculo-manual.

Descripción:

Que no caiga. Formamos un círculo con todos los niños, los cuales se pasarán la bola sin bote en el suelo. Si algún niño se le cae, estará eliminado. Una vez todos los niños han tocado la bola, darán un paso hacia atrás para hacer más grande el círculo.

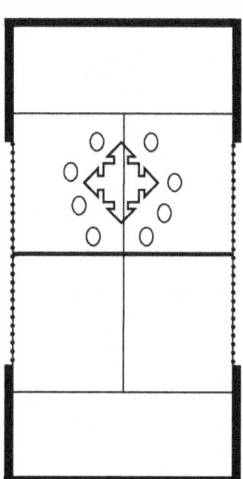

Ejercicio 117   Ejercicios con Niños

Objetivo: Ejercicios para la coordinación y cooperación.

Descripción:

Relevos con pala. Formamos dos equipos, y a cada equipo le daremos una bola. El primer niño de cada equipo saldrá botando la bola con la pala hasta rodear el poste y volver a la posición inicial donde le dará la bola a su compañero de equipo.

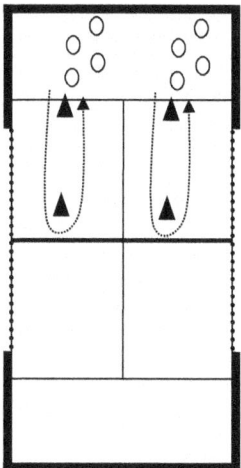

Ejercicio 118   Ejercicios con Niños

Objetivo: Psicomotricidad
Nombre del ejercicio: El Volcán

Descripción:
Situamos el carro en el centro de un círculo que habremos marcado previamente con conos, y los alumnos por fuera del mismo. Desde allí sin entrar en él deben intentar hacer que las palas caigan al suelo tirando bolas contra ellas. Gana el alumno que logre que su pala quede la última en el carro.

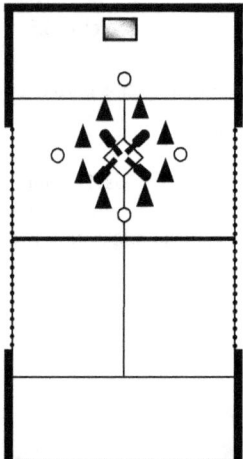

Ejercicio 119   Ejercicios con Niños

Objetivo: Psicomotricidad
Nombre del ejercicio: Carrera de bolas

Descripción:
Los alumnos se sitúan detrás de la línea de servicio y a la señal del monitor echarán su bola a rodar por el suelo e intentarán llegar a la red cuanto antes empujándola con la pala.
Después se hace cogiendo la pala con la mano izquierda.

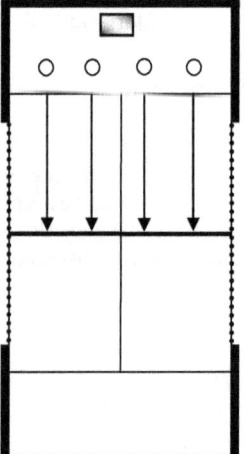

Ejercicio 120   Ejercicios con Niños

Objetivo: Psicomotricidad
Nombre del ejercicio: La Sartén

Descripción:
Los alumnos se sitúan detrás de la línea de servicio, y el monitor justo al otro lado de la red, con su pala y tantas bolas como número de alumnos menos uno haya. Lanzará las bolas hacia los alumnos y estos deberán coger cada uno una bola, aquel alumno que se quede sin bola se apunta un fallo, así hasta alcanzar 5 fallos en que quedará eliminado y se quitará una bola para seguir jugando y tener un ganador.

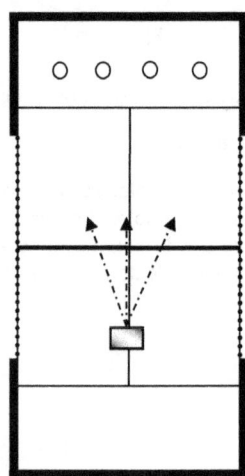

Ejercicio 121   Ejercicios con Niños

Objetivo: Ejercicios para la coordinación.

Descripción:

Sobre la línea media colocaremos conos que harán de red, y en cada zona varios conos que realizarán la función de trampas. Los niños se lanzarán la bola con bote en el otro campo evitando los conos ahí situados.

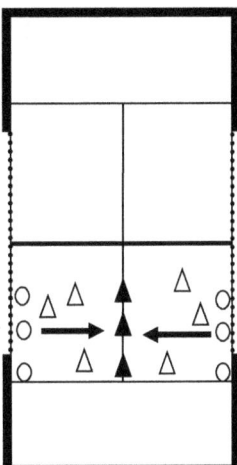

Ejercicio 122   Ejercicios con Niños

Objetivo: Ejercicios para la coordinación.

Descripción:

Un círculo formado por conos delimitará la zona de juego. A la señal del monitor, uno de los niños correrá para intentar coger a sus compañeros.

Variante: se pueden realizar otras formas geométricas.

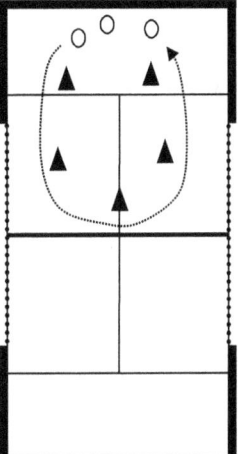

Ejercicio 123   Ejercicios con Niños

Objetivo: Ejercicios para la coordinación de los lanzamientos, coordinación y recepción.

Descripción:

La nueva canasta. Ubicados los niños detrás de la línea de saque, tirarán con la mano las bolas que tienen en el suelo intentando meterlas en el cesto.

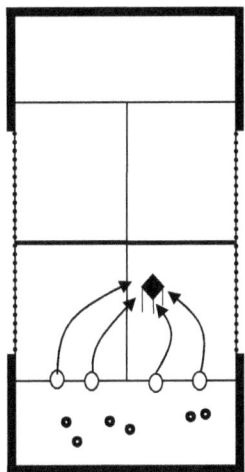

Ejercicio 124   Ejercicios con Niños

Objetivo: Habilidad y coordinación óculo manual.

Descripción:
Ejercicios de pelota en parejas sin pala:

.- pase de béisbol sobre el hombro.

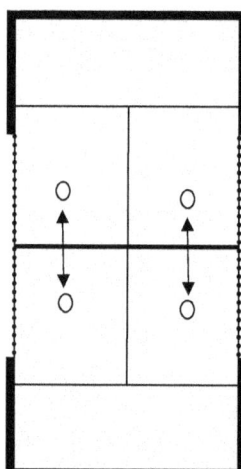

Ejercicio 125   Ejercicios con Niños

Objetivo: Habilidad y coordinación óculo manual.

Descripción:
Ejercicios de pelota en parejas sin pala:

.- uno por arriba, otro por abajo.

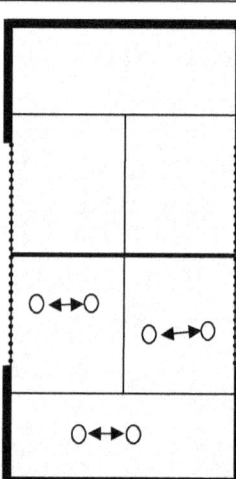

Ejercicio 126   Ejercicios con Niños

Objetivo: Habilidad y coordinación óculo manual.

Descripción:
Ejercicios de pelota en parejas sin pala:

.- uno con y otro sin bote.

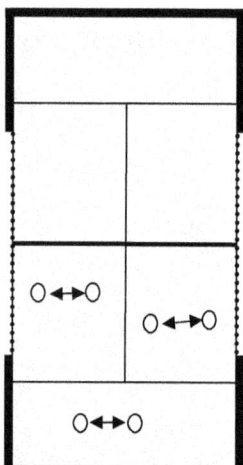

Ejercicio 127   Ejercicios con Niños

Objetivo: Coordinación óculo manual y recepción.

Descripción:
Meteoritos. El profesor lanza bolas altas y los niños tienen que intentar cogerla al vuelo con un bote o sin bote, ayudándose de un cono. Si cogen la pelota, la situarán en la pared de fondo junto con su pala.

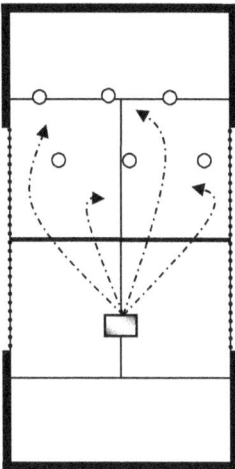

Ejercicio 128   Ejercicios con Niños

Objetivo: Coordinación y psicomotricidad.

Descripción:
Emparedado. En pareja, presionan una pelota entre dos palas y se desplazan en diferentes sentidos.

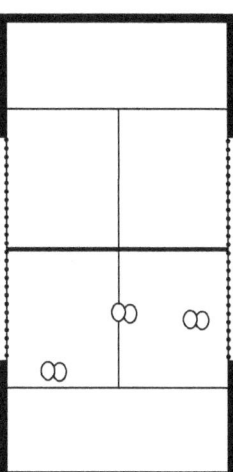

Ejercicio 129   Ejercicios con Niños

Objetivo: Habilidad y coordinación.

Descripción:
Ubicados los niños en fila, realizarán zigzag entre los conos botando la bola de foam encima de la pala y dejándola botar de nuevo para volver a botarla sobre la pala.
Si se les cae, volverán al comienzo de la fila para empezar de nuevo.

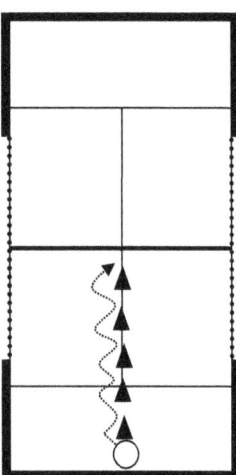

Ejercicio 130   Ejercicios con Niños

Objetivo: Habilidad y coordinación.

Descripción:

Ubicados los niños en fila, realizarán zigzag entre los conos con un globo encima de la pala. Si se les cae, volverán al comienzo de la fila para empezar de nuevo.

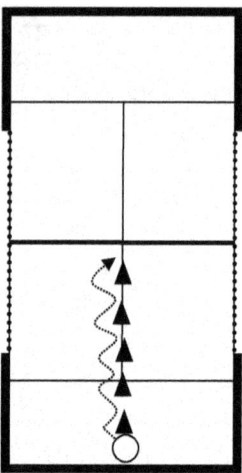

Ejercicio 131   Ejercicios con Niños

Objetivo: El camarero. Coordinación óculo manual.

Descripción:
El camarero. Carrera de relevos por equipos, donde los alumnos corren por el espacio marcado manteniendo la bola sobre la pala. Aquel alumno que se le caiga la bola, deberá comenzar el recorrido desde el principio. El cambio de bola entre compañeros se realizará sin que la bola caiga al suelo.

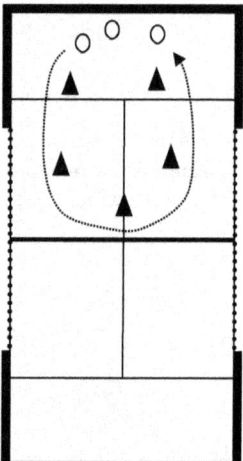

Ejercicio 132   Ejercicios con Niños

Objetivo: El río (1). Aprendizaje básico de la derecha y del revés.
Secuencia de golpes: D o R

Descripción:
El río. Este es uno de los juegos más importantes en el aprendizaje básico de los golpes de derecha y de revés. Un alumno situado frente de otro, con 3 conos entre ambos. Se realizan las siguientes progresiones:

.- lanzamiento de ambos jugadores sin pala y con bote.

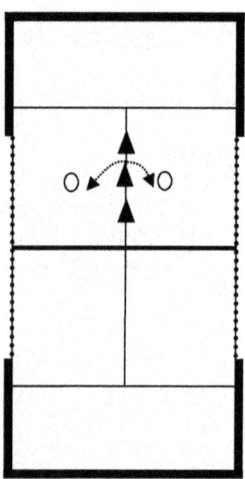

Ejercicio 133   Ejercicios con Niños

Objetivo: Habilidad y coordinación.

Descripción:

Ubicados los niños en fila, realizarán zigzag entre los conos botando la bola de foam encima de la pala.

Si se les cae, volverán al comienzo de la fila para empezar de nuevo.

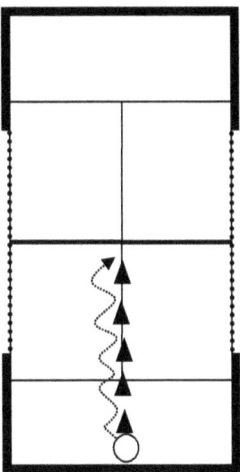

Ejercicio 134   Ejercicios con Niños

Objetivo: Coordinación y psicomotricidad.

Descripción:
Choca esas 5. Ubicados los niños al otro lado de la red, chocarán con la pala la mano del monitor cuando este se encuentre a la altura suya. Una vez se domine el monitor les podrá lanzar bolas a esa zona.

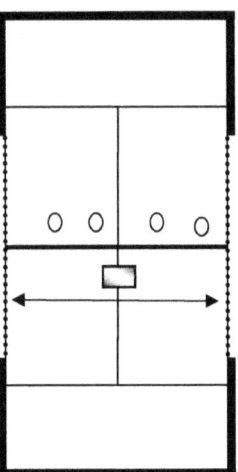

Ejercicio 135   Ejercicios con Niños

Objetivo: Coordinación y psicomotricidad.

Descripción:
Choca esas 5 (2). Ubicados los niños en fila cerca de la red, llevarán una bola sobre la pala y cuando se acerquen a la altura del monitor chocarán la otra palma de la mano contra el monitor, evitando que la bola se les caiga.

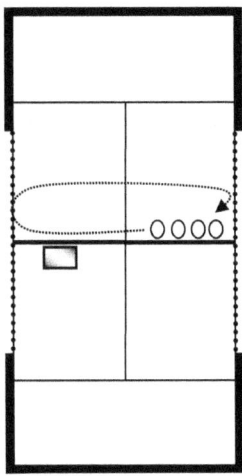

Ejercicio 136   Ejercicios con Niños

Objetivo: Golpes en movimiento
Nombre del ejercicio: Béisbol

Descripción:
2 Equipos. Un equipo batea la bola que lanza el monitor y tiene que recorrer las bases. El otro equipo tiene que coger la bola para intentar eliminar a los del otro equipo. No vale la bola a la reja, pared o red. Para eliminar hay que cogerla al aire o meterla en el carro de bolas antes de que los jugadores tomen la base.

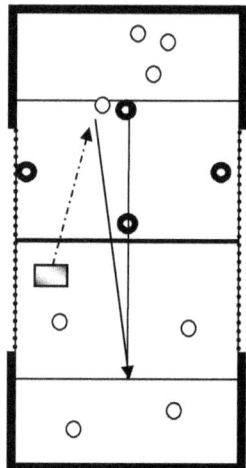

Ejercicio 137   Ejercicios con Niños

Objetivo: Coordinación de golpes
Nombre del ejercicio: El Río

Descripción:
Juego importante para el aprendizaje de los golpes de derecha y de revés. Un alumno situado frente a otro, con 3 conos entre ambos con la siguiente progresión:
1.- Ambos alumnos sin pala, haciendo que bote delante de ellos.
2.- Uno con pala y el otro sin ella. Concepto de golpear en posición lateral a la altura de la cintura.
3.- Ambos alumnos con pala haciendo botar la bola en la zona marcada.
4.- Ambos alumnos con pala pero con la red de por medio.

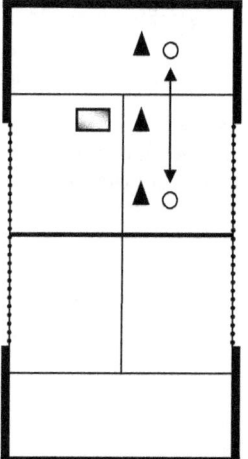

Ejercicio 138   Ejercicios con Niños

Objetivo: Coordinación de movimientos
Nombre del ejercicio: El Emparedado

Descripción:
Colocamos los niños en parejas y presionan una pelota entre los dos con las palas desplazándose en diferentes sentidos. Si se les cae la pelota vuelven a empezar.
Después de 1' se cambia de pareja entre todos los niños.

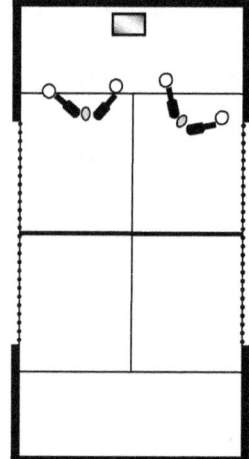

Ejercicio 139   Ejercicios con Niños

Objetivo: Aprendizaje del golpe de revés
Secuencia de golpes: R

Descripción:
Todos los jugadores menos 2 se sitúan en un lado de la pista y golpean de revés desde el fondo de la pista intentando que la bola bote en el otro lado de la pista. Si no lo consiguen o fallan, pasan al otro lado. Si los que están recibiendo consiguen golpear la bola antes de que toque el suelo, intercambian la posición.

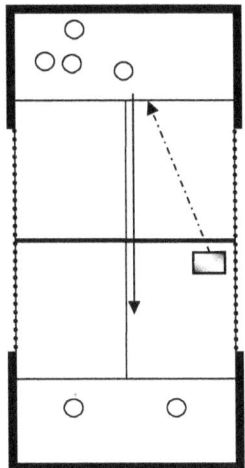

Ejercicio 140   Ejercicios con Niños

Objetivo: Control de lanzamientos con mano
Nombre del ejercicio: El Frontón

Descripción:
Marcaremos una zona en la pared de fondo y una línea de conos a media pista. Los alumnos, desde esta línea de conos, lanzaran bolas contra la pared de fondo a modo de saque sobre esta zona. El jugador que más aciertos logre, ganará el juego.

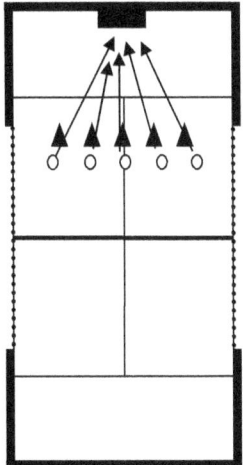

Ejercicio 141   Ejercicios con Niños

Objetivo: Aprendizaje del golpe de volea de derecha
Secuencia de golpes: VD

Descripción:
Todos los jugadores menos 2 se sitúan en un lado de la pista y golpean de volea de derecha desde la mitad de la pista intentando que la bola bote en el otro lado de la pista. Si no lo consiguen o fallan, pasan al otro lado. Si los que están recibiendo consiguen golpear la bola antes de que toque el suelo, intercambian la posición.

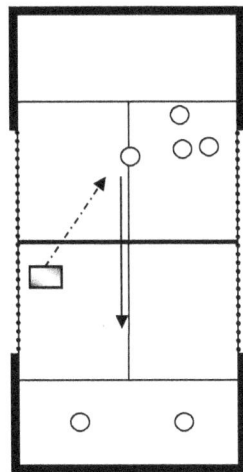

Ejercicio 142   Ejercicios con Niños

Objetivo: Psicomotricidad
Nombre del ejercicio: El Portero

Descripción:
Colocamos una portería sobre la línea de fondo, hacia donde deben dirigirse la volea, derecha o revés del alumno. Estos lanzarán la bola a la portería e intentarán marcar gol. El portero llevará su pala y podrá evitar con ella el gol, pero si no lo evita, deberá abandonar la portería y dejará el puesto al alumno que ha marcado.

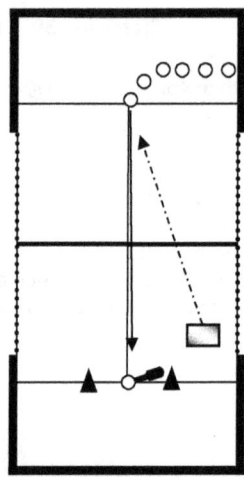

Ejercicio 143   Ejercicios con Niños

Objetivo: Aprendizaje del saque
Nombre del ejercicio: La diana

Descripción:
Marcamos diversos objetivos con conos en la zona de saque y haremos que los alumnos realicen saques sobre ellos. Ganará aquel alumno que consiga un mayor número de aciertos al hacer que su saque toque alguno de los conos con o sin bote.
Luego se puede hacer desde el otro lado.

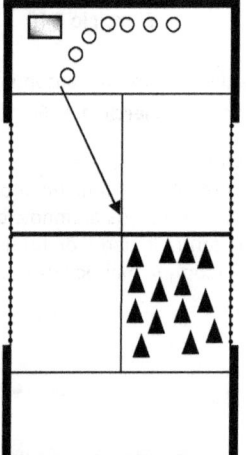

Ejercicio 144   Ejercicios con Niños

Objetivo: Psicomotricidad
Nombre del ejercicio: Que no caiga

Descripción:
El monitor lanzará bolas hacia arriba a modo de meteoritos y los alumnos deberán golpearlas hacia arriba antes de que dejen de botar para así mantener el mayor número de bolas en el aire.

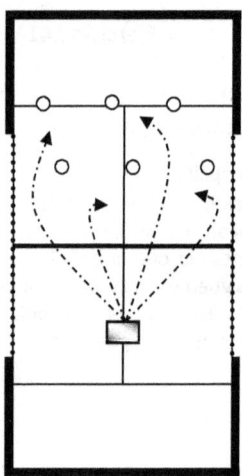

Ejercicio 145   Ejercicios con Niños

Objetivo: Habilidad y coordinación óculo manual.

Descripción:
Ejercicios de pelota de manera individual sin pala:

.- pase por dentro y por fuera de las piernas.

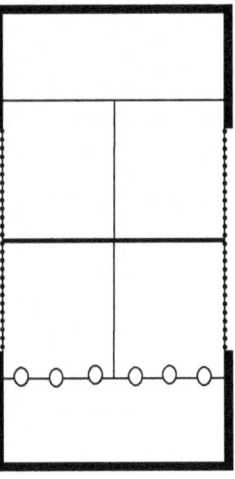

Ejercicio 146   Ejercicios con Niños

Objetivo: Habilidad y coordinación óculo manual.

Descripción:
Ejercicios de pelota de manera individual sin pala:

.- lanzar al aire y atrapar.

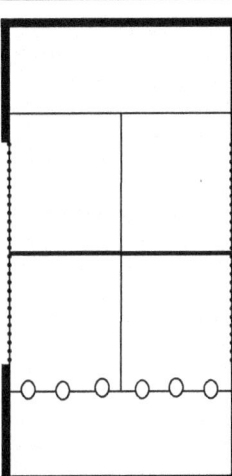

Ejercicio 147   Ejercicios con Niños

Objetivo: Habilidad y coordinación óculo manual.

Descripción:
Ejercicios de pelota de manera individual sin pala:

.- lanzar a un objeto.

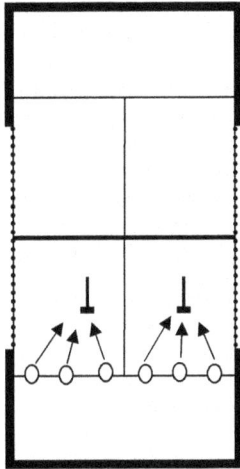

Ejercicio 148   Ejercicios con Niños

Objetivo: Coordinación de movimientos
Secuencia de golpes: El ratón y el gato

Descripción:
Con una bola mayor que las de pádel, situamos dos alumnos a ambos lados de la línea del medio y el resto de los alumnos sobre ella. Deberán pasarse la bola intentando que los compañeros del centro no intercepten el pase. Será obligatorio dejar botar la pelota una vez rebase la línea formada por los compañeros. Si alguien intercepta el pase, se cambia automáticamente por el que falló.

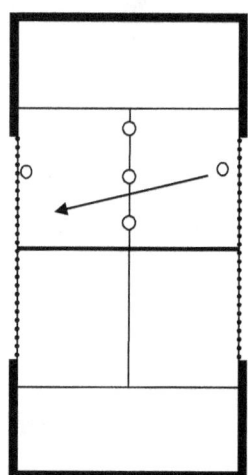

Ejercicio 149   Ejercicios con Niños

Objetivo: Aprendizaje del golpe de derecha
Secuencia de golpes: D

Descripción:
Todos los jugadores menos 2 se sitúan en un lado de la pista y golpean de derecha desde el fondo de la pista intentando que la bola bote en el otro lado de la pista. Si no lo consiguen o fallan, pasan al otro lado. Si los que están recibiendo consiguen golpear la bola antes de que toque el suelo, intercambian la posición.

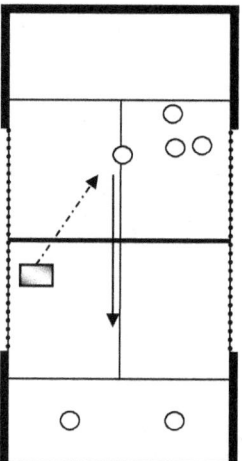

Ejercicio 150   Ejercicios con Niños

Objetivo: Psicomotricidad
Nombre del ejercicio: Lluvia de Estrellas

Descripción:
Cada alumno coge un cono (el cual utiliza a modo de cesta) para coger las bolas que el monitor ha lanzado altas. Podrán coger cualquier bola siempre que estén botando. Cada vez que logren coger una bola, la llevarán junto a su pala que la habrán dejado sobre la línea de servicio. Ganará el alumno que al acabar el carro tenga más bolas en su poder.

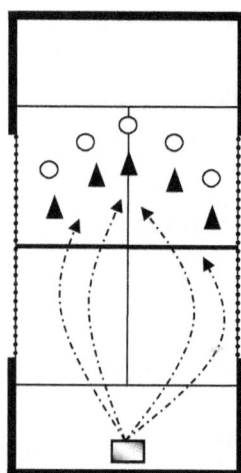

Ejercicio 151   Ejercicios con Niños

Objetivo: Habilidad y coordinación óculo manual.

Descripción:
Ejercicios de pelota de manera individual sin pala:

.- rebote contra el suelo.

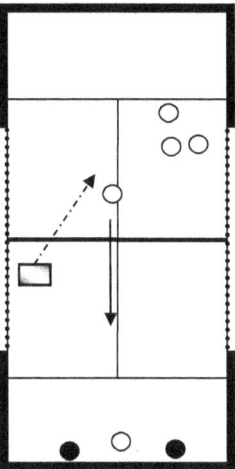

Ejercicio 152   Ejercicios con Niños

Objetivo: Habilidad y coordinación óculo manual.

Descripción:
Ejercicios de pelota de manera individual sin pala:

.- rebote sobre la línea de saque.

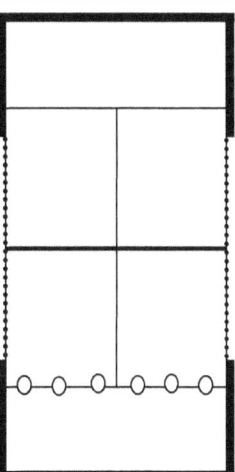

Ejercicio 153   Ejercicios con Niños

Objetivo: Habilidad y coordinación óculo manual.

Descripción:
Ejercicios de pelota de manera individual sin pala:

.- pase de la pelota por entre las piernas.

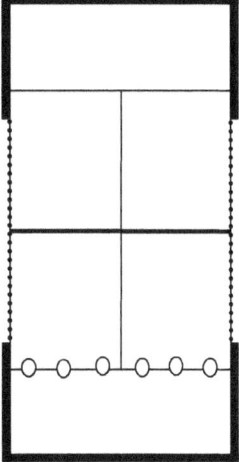

Ejercicio 154   Ejercicios con Niños

Objetivo: Ejercicios para el desarrollo de la coordinación dinámica general.

Descripción:
Colocaremos conos tirados en el suelo separados 50 cm sobre la línea media y haremos que los niños corran con las piernas abiertas.
Variante: marcha atrás.

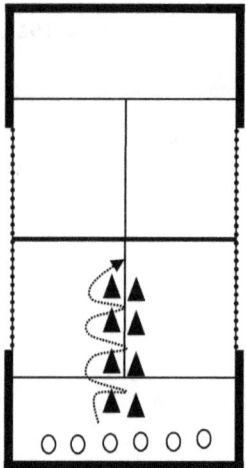

Ejercicio 155   Ejercicios con Niños

Objetivo: Ejercicios para el desarrollo de la coordinación dinámica general.

Descripción:
Colocaremos sobre la línea media grupos de conos (5-6 uno encima de otro) para que los niños cojan impulso y los salten.

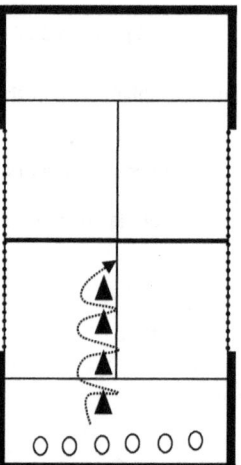

Ejercicio 156   Ejercicios con Niños

Objetivo: Aprendizaje del golpe de bandeja
Secuencia de golpes: Bd

Descripción:
Todos los jugadores menos 2 se sitúan en un lado de la pista y golpean de bandeja desde la mitad de la pista intentando que la bola bote en el otro lado de la pista. Si no lo consiguen o fallan, pasan al otro lado. Si los que están recibiendo consiguen golpear la bola antes de que toque el suelo, intercambian la posición.

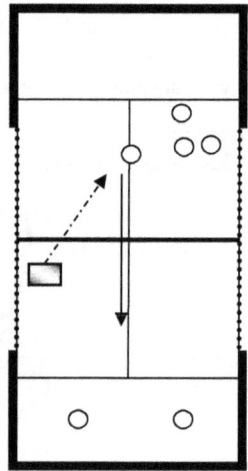

Ejercicio 157   Ejercicios con Niños

Objetivo: Psicomotricidad
Nombre del ejercicio: Pasa la Pala

Descripción:
Formamos parejas y, agarrados por la mano, le damos una sola pala a cada pareja. El monitor lanzará bolas a las parejas y dependiendo del lado al que vaya la bola, la pareja se pasará la pala para golpear la bola.

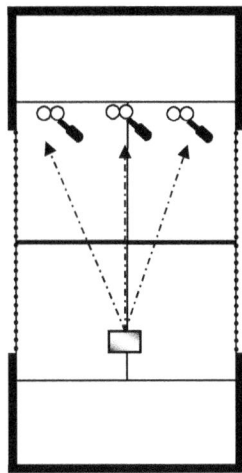

Ejercicio 158   Ejercicios con Niños

Objetivo: Aprendizaje del golpe de remate
Secuencia de golpes: Rm

Descripción:
Todos los jugadores menos 2 se sitúan en un lado de la pista y golpean de remate desde la mitad de la pista intentando que la bola bote en el otro lado de la pista. Si no lo consiguen o fallan, pasan al otro lado. Si los que están recibiendo consiguen golpear la bola antes de que toque el suelo, intercambian la posición.

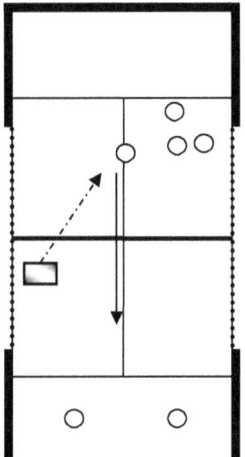

Ejercicio 159   Ejercicios con Niños

Objetivo: Ejercicios para la coordinación de los lanzamientos, coordinación y recepción.

Descripción:

Pasa la bola. Ubicados los jugadores en fila separados por grupos a cada lado de la red, se pasarán la bola sin que se les caiga. Una vez han pasado la bola, se colocarán de nuevo en la fila. Si se les cae, no volverán a la fila.

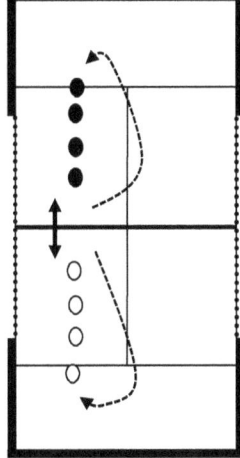

Ejercicio 160   Ejercicios con Niños

Objetivo: Ejercicios para la coordinación de los lanzamientos, coordinación y recepción.

Descripción:

Tiro al bolo (II). Ubicados los niños cerca de la red, tirarán bolas por encima de la red para intentar derribar los conos situados en mitad de la pista.

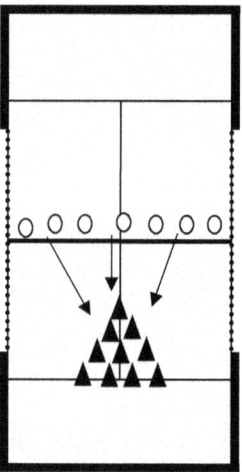

EL PÁDEL Y LA VISIÓN.

La visión en el pádel es fundamental en varios aspectos, el ojo recoge las imágenes en la retina (sensación) y las envía por la vía óptica al cerebro, el cual las analiza (percepción) y envía ordenes motoras a los órganos encargados de ejecutar determinadas acciones y/o movimientos.

Por ello se antoja vital que este envío de información sea rápido y preciso para poder realizar de forma correcta y coordinada el movimiento o la acción requerida en el juego.

Para que esta vía sea precisa, en primer lugar, las estructuras que lo componen debes estar sanas, sin ninguna patología; además, se debe dar una imagen lo más nítida posible en retina, es decir debemos ser emétropes o bien tener corregido nuestro defecto refractivo ya sea miopía, astigmatismo o hipermetropía en visión lejana, y también debemos tener una buena funcionalidad de nuestra visión, ésto se refiera a una serie de habilidades visuales que son fundamentales en el deporte del pádel ya que, podemos tener una visión perfectamente nítida, pero no tener desarrolladas estas habilidades visuales al 100% , con lo cual no integraremos de manera correcta esa perfecta imagen en retina y ello conllevará a errores.

A continuación pasaremos a describir estas habilidades visuales, haremos una breve descripción de cada una y citaremos de manera muy básica una serie de ejercicios de terapia visual que permiten entrenar (si amigos, la visión también se entrena) y mejorar todas estas habilidades visuales:

1. Coordinación ojo mano.

La coordinación ojo-mano es la capacidad para mover con precisión las manos de acuerdo con la imagen que nuestro sistema visual capta. La coordinación ojo-mano sirve para valorar la precisión con la que una decisión ejecute.

Nos permite ejecutar movimientos finos y precisos de nuestras manos con la pala, el poder inclinar la pala unos grados con precisión para dar un efecto determinado, el poder cambiar la empuñadura rápidamente según viene la bola, todo está relacionado con esta coordinación ojo-mano.

2. Tiempo de reacción visual

Es el tiempo que pasa desde aparece un estímulo visual y somos capaces de verlo (tiempo de reacción sensitivo) y ejecutar una repuesta motora a este estímulo (tiempo de reacción motor).

Como es fácil de entender, unos tiempos de reacción visual muy tardíos harán que lleguemos tarde a las bolas o no podamos anticiparnos en una jugada determinada.

3. Memoria visual.

La memoria visual es la capacidad que nuestro cerebro tiene de preservar o mantener fijada una determinada imagen aunque ésta ya no esté presente ante nuestros ojos, en el padel es muy útil por ejemplo mantener en nuestra mente una imagen mental de donde y cómo están colocados nuestros contrarios mientras yo ejecuto un golpe de espaldas sin posibilidad de verlos.

Esto nos permitirá poder tomar una decisión en nuestro golpe sin necesidad de mirar, ya que nuestra memoria visual nos estará dando esa información y podremos colocar la bola con mejor información.

(Foto número 1. David Lapastora con el objetivo fijo en la bola)

4. Visión periférica

La visión periferia es la capacidad poder estar mirando un determinado estimulo en el centro de nuestro campo visual y a la vez ser conscientes de lo que hay en la periferia, alrededor de él; eso nos permite localizar huecos laterales en los desplazamientos de la pareja rival, detectarlos a la vez que estamos mirando al frente y poder elegir la dirección del golpe adecuada sin necesidad de estar girando constantemente la cabeza.

5. Agudeza visual dinámica

La agudeza visual tal y como la conocemos, la que medimos en nuestro gabinete, se realiza con estímulos estáticos, sin movimiento; ésto en el mundo del deporte se da muy pocas veces, aquí el estímulo casi siempre está en movimiento y son los músculos oculares los encargados de dirigir los ojos rápidamente para que puedan enfocarlos nítidos (motilidad ocular), para ello realizan unos movimientos sacadicos y de seguimientos, con el fin de no verlos dobles.

Entrenamiento visual digital para habilidades visuales en deporte:

Hoy en día existen centros especializados en entrenamientos de visión deportiva, con software específico y pantallas táctiles que, de forma muy amena y divertida mediante videojuegos, permiten mejorar y cuantificar la evolución del entrenamiento.

Pasamos a enumerar los más importantes con los que nosotros trabajamos:

.- **Taquitoscopio central**: mejora la agudeza visual central, la memoria visual y el tiempo de reacción.

.- **Taquitoscopio periférico**: mejora la visión periférica, memoria visual y coordinación ojo-mano.

.- **Taquitoscopio centro-periferia**: memoria visual, sacádicos y tiempo de reacción.

.- **Cuenta-caracteres**: sacádicos y coordinación ojo-mano.

.- **Marca-caracteres**: sacádicos, visión periférica y coordinación ojo-mano.

.- **Identificacion y coordinación**: coordinación ojo-mano, sacádicos y visión periférica.

.- **Flecha de dirección**: coordinación ojo-mano y sacádicos.

.- **Ping pong**: seguimientos, coordinación ojo-mano y periferia.

.- **Sígueme**: seguimientos, sacádicos y coordinación ojo-mano.

.- **Laberintos**: coordinación ojo-mano fina.

.- **Tic tac toe**: memoria visual y reacción visual.

El optometrista especializado tras un examen optométrico deportivo, evaluara las habilidades visuales y preparara un programa de entrenamientos para potenciar las habilidades visuales requeridas, estos software permiten cuantificar las habilidades y su mejora evolutiva durante las sesiones de entrenamiento.

Espero y deseo que hayáis encontrado interesante este capitulo, se ha hecho con todo el cariño del mundo.

David Calderón Rodríguez - Col 8017 - Visioramasport

www.opticasvisiorama.com

RESEÑAS DE PÁDEL

"Desde fuera, este deporte es muy engañoso, difícil de apreciar el nivel verdadero de los jugadores. Lo que se ve son los golpes vistosos, la plasticidad de ejecución o los "winners" aislados. Pero para saber cómo juega realmente tienes que meterte dentro, sentir la dificultad de sus golpes, si vienen ajustados a la pared, dan poco rebote, qué tipo de efecto y variedad utiliza, cómo vienen sus globos y a qué zona los tira, cómo defiende y pone la bola en las zonas….; todo eso, que desde fuera es tan difícil de apreciar, es lo que te da las verdaderas pistas del nivel del jugador."

"Para mí el pádel es un deporte donde me enfrento a diferentes situaciones que me plantea la vida haciendo a la vez lo que me gusta. Por tanto, cada partido es una situación y cada día aprendo algo nuevo."

"Quien teme perder, ya está vencido. Si corres lo que te piden, serás bueno. Si corres el doble, serás mejor."

"Si no sueñas, nunca encontrarás lo que hay más allá de tus sueños".

"No todo se cuece dentro de la pista. Mira partidos, analiza a los jugadores y crea tus estrategias. El pádel no es sólo darle bien a la pelotita."

"Entrena siempre como si fuese el primer día, y más allá de haber ganado o perdido el último partido, cada vez que entres a la pista, exígete al máximo para ser el mejor."

"El Pádel es un deporte, una profesión, un hobby, una diversión y en mi caso, mi vida…. El entrenamiento lo es todo, es la base para una buena carrera."

"El Pádel es un deporte de equipo con lo cual hay que enseñarlo y entenderlo así."

"El inteligente no es aquel que lo sabe todo sino aquel que sabe utilizar lo poco que sabe.

El Pádel es un deporte mental donde además se juega al pádel.

Consejos fundamentales:

    1.- Divertirse, ya sea jugando o dando clases.
    2.- Buscar retos para mantener la motivación.
    3.- Ganar el último punto del partido."

"Cuando arrancas en este deporte nunca aprendes aunque a ti te parezca, recién aprendes cuando crees que te estancas, quiere decir que empiezo a crecer como jugador."

"El Pádel es un deporte que cautiva nada más empezar, pero si continúas y lo trabajas, será como tu enamorado..... no sólo te cautivara sino te apasionará y ya no podrás vivir sin él."

"Debemos jugar siempre con muchas ganas y jugar al máximo en todos los puntos para intentar ganar el partido pero sin olvidar que lo más importante y el mejor camino para llegar allí, es cuando nosotros nos divertimos y nos aprovechamos de nuestra pasión por este deporte para jugar nuestro mejor pádel."

"De tu velocidad reactiva dependerá anticiparte a la trayectoria, de tu velocidad de ejecución la efectividad de los gestos técnicos, de la resistencia a la velocidad los niveles de competitividad óptimos para ganar el juego."

"El Pádel, al igual que el ajedrez, es un juego mental y no solamente físico, requiere tranquilidad y saber jugar tal y como requiere cada jugada."

"Mis problemas desaparecen cuando la bola ha pasado la red." "Ganar o perder un partido depende de las ganas que Ud. tenga de jugar el último tanto." "Si tienes miedo a perder, no mereces ganar." "Tienes que perder para saber cómo ganar"

"Es solo Pádel...... pero me gusta."

"Rapidez, coordinación, reflejos, picardía y colocación.... Más que un deporte."

"No es problema caer, todos lo hacemos, lo importante es poder levantarse, y cuanto antes, mejor."

"Disciplina, Paciencia y Conciencia"

"Nunca dejes de aprender" Norman Foster.

"Todo el mundo y todo a tu alrededor es tu maestro" Ken Keyes.

"Quien se atreve a enseñar nunca debe dejar de aprender" Paulo Freire.

PATROCINADORES Y COLABORADORES

AGRADECIMIENTOS COLABORACIÓN EN EL LIBRO

David Calderon Rodriguez - Col 8017 - Visioramasport

www.opticasvisiorama.com

DATOS DEL AUTOR

FORMACIÓN DEPORTIVA:

- **Título Monitor de Pádel** impartido por la Federación Madrileña de Pádel

- **Título de Monitor de Pádel Adaptado** impartido por la Asociación de Pádel Adaptado (ASPADO)

- **Título de Juez Árbitro de Pádel**, impartido por la Federación Madrileña de Pádel (Director del Curso: Gonzalo de la Herrán, Gerente del WPT y Gerente de la Federación Madrileña de Pádel).

- **Título de Entrenador de Pádel,** por la APA.

CONTACTO Y REDES SOCIALES:

Mail: juanjo.moyano@gmail.com // esferapadel@gmail.com

Instagram: @juanjo_moyano_
Youtube: Juanjo Moyano – clases de pádel
Web: www.esferapadel.com
Twiter: @juanjo__moyano

LIBROS PUBLICADOS:

.- "1001 Juegos y Ejercicios de Pádel", de la Editorial Wanceulen, año 2011

.- "1001 Games and Exercises of Padel", de la Editorial Wanceulen, noviembre de 2016

.- "Pádel: sus golpes, entrenamiento y más", de la Editorial Wanceulen, marzo 2017.

.- "Entrenamiento de Pádel: 1001 nuevos ejercicios", de la Editorial Wanceulen, junio de 2018

BIBLIOGRAFÍA

.- Libro "1001 Juegos y Ejercicios de Pádel", Editorial Wanceulen, de Juanjo Moyano Vázquez.

.- Libro "1001 Games and Exercises of Padel", Editorial Wanceulen, de Juanjo Moyano Vázquez.

.- Libro "Pádel: sus golpes, entrenamiento y más", Editorial Wanceulen, de Juanjo Moyano Vázquez.

.- Libro "Entrenamiento de Pádel: 1001 nuevos ejercicios", Editorial Wanceulen, de Juanjo Moyano Vázquez.

.- Manuales de apoyo del Curso de Monitor de Pádel por la Federación de Pádel de Madrid.

.- Libro Curso de Monitor de Pádel Adaptado, impartido por Kiki de la Rocha, Presidenta de la Asociación de Pádel Adaptado.

.- www.ejerciciosdepadel.com La web de Ejercicios de Pádel

FOTOGRAFÍA

.- Fotografía propiedad de Visioramasport, David Lapastora y Juanjo Moyano.

Derechos de autor reservados y cedidos al autor.

www.ingramcontent.com/pod-product-compliance
Lightning Source LLC
Chambersburg PA
CBHW080522090426
42734CB00015B/3130